Para

com votos de paz.

/   /

DIVALDO FRANCO
Pelo Espírito AMÉLIA RODRIGUES

...ATÉ O FIM DOS TEMPOS

Salvador
4. ed. – 2023

COPYRIGHT © (2000)
CENTRO ESPÍRITA CAMINHO DA REDENÇÃO
Rua Jayme Vieira Lima, 104
Pau da Lima, Salvador, BA.
CEP 412350-000
SITE: https://mansaodocaminho.com.br
EDIÇÃO: 4. ed. (4ª reimpressão) – 2023
TIRAGEM: 1.000 exemplares (milheiro: 23.000)
COORDENAÇÃO EDITORIAL
Lívia Maria C. Sousa

REVISÃO
Lívia Maria C. Sousa · Manoelita S. Rocha
CAPA
Cláudio Urpia
MONTAGEM DE CAPA
Eduardo Lopez
EDITORAÇÃO ELETRÔNICA
Eduardo Lopez
COEDIÇÃO E PUBLICAÇÃO
Instituto Beneficente Boa Nova

PRODUÇÃO GRÁFICA
LIVRARIA ESPÍRITA ALVORADA EDITORA – LEAL
E-mail: editora.leal@cecr.com.br

DISTRIBUIÇÃO
INSTITUTO BENEFICENTE BOA NOVA
Av. Porto Ferreira, 1031, Parque Iracema. CEP 15809-020
Catanduva-SP.
Contatos: (17) 3531-4444 | (17) 99777-7413 (WhatsApp)
E-mail: boanova@boanova.net
Vendas on-line: https://www.livrarialeal.com.br

Dados Internacionais de Catalogação na Publicação (CIP)
(Catalogação na fonte)
BIBLIOTECA JOANNA DE ÂNGELIS

F825	FRANCO, Divaldo Pereira. (1927)
	...*Até o fim dos tempos*. 4. ed. / Pelo Espírito Amélia Rodrigues [psicografado por] Divaldo Pereira Franco. Salvador: LEAL, 2023. 160 p.
	ISBN: 978-85-8266-107-9
	1. Espiritismo 2. Psicografia 3. Jesus 4. Evangelho I. Franco, Divaldo II. Título
	CDD: 133.93

Bibliotecária responsável: Maria Suely de Castro Martins – CRB-5/509

ASSOCIAÇÃO BRASILEIRA DE DIREITOS REPROGRÁFICOS

DIREITOS RESERVADOS: todos os direitos de reprodução, cópia, comunicação ao público e exploração econômica desta obra estão reservados, única e exclusivamente, para o Centro Espírita Caminho da Redenção. Proibida a sua reprodução parcial ou total, por qualquer meio, sem expressa autorização, nos termos da Lei 9.610/98.
Impresso no Brasil | Presita en Brazilo

Sumário

	...Até o fim dos tempos	7
1.	A sentinela vigilante	13
2.	Renascimentos libertadores	19
3.	Mediunidade – vínculo de luz	25
4.	O Dispensador de bênçãos	31
5.	O joio perverso e o trigo de luz	37
6.	Anúncio do Reino	43
7.	O ministério de Mateus Levi	47
8.	A funesta paisagem humana	55
9.	O testemunho emocionado	61
10.	Sinfonia de feitos	67
11.	O mais importante	73
12.	O reino transitório e o permanente	79
13.	Ministério desafiador	87
14.	A importância de ser pequeno	93
15.	Jesus, o libertador da mulher	99
16.	Libertação total	105
17.	Correções libertadoras	111
18.	Os sinais dos sofrimentos...	117
19.	Um lugar solitário	123
20.	Amanhecer de esperanças	129
21.	As bênçãos da união	135
22.	A espada e a cruz	141
23.	Dimas: arrependimento e recuperação	147
24.	...E para todo o sempre	153

...Até o fim dos tempos

Tudo na Sua vida é uma aparente contradição que se enriquece de legitimidade em cada passo, após acurada reflexão.
Negando o mundo, Ele é o Senhor do mundo.
Falando sobre a vida, doa a Sua em legado de inexcedível amor.
Desde antes do nosso tempo, permanecerá até o fim dos tempos!...
Começando no anonimato, prossegue desconhecido, quanto mais é comentado.
Filho de Deus por excelência, conclama todos os homens a desvelarem o seu deus oculto e alcançarem o Supremo.
Seus silêncios são mais altissonantes do que todas as Suas palavras.
Os Seus não feitos têm um significado psicossociológico mais poderoso do que todos os Seus atos.
Vivendo com todos, mas não Se permitindo pertencer a ninguém, senão ao Seu Pai em cujo Nome viera à Terra.
A Sua saga é o amor em plenitude; no entanto, escolhe pessoas simples, corações singelos, mentes não desenvolvidas culturalmente para estabelecer as bases da Vida eterna.

Ama as criancinhas, defende as mulheres e socorre enfermos, pobres, desvalidos, abandonados, infelizes, num período em que a bajulação, a submissão e a indignidade predominam nas consciências e nos anelos dos povos.

Enquanto os multiplicadores de opinião de todos os tempos usam a tribuna, a pluma, o altar, a força e a glória terrestre para apresentar os seus planos, Ele sobe a um monte defronte de um pequeno mar e canta o maior poema que jamais se ouviu, alterando, por definitivo, o significado dos valores humanos através das inesquecíveis bem-aventuranças.

Junto ao poviléu e entre os malcheirosos, Ele esplende de beleza sem os humilhar, destacando-se pela grandeza moral, sem os ferir, arrebanhando-os sem se impor...

Jesus é único!

Incomparável, ninguém se Lhe assemelha em candura, em sabedoria, em majestade, em renúncia...

O Seu é o hino majestoso e de encorajamento para os anseios do coração e as aspirações do pensamento.

Todos os fundadores de religião estabelecem regras, impõem cultos, exacerbam o fanatismo, convocam à submissão.

Não Ele.

Não fundou qualquer doutrina, nada exigiu, aparecendo como se fosse uma brisa perfumada em manhã de sol, amenizando o calor e esparzindo harmonia. Só apresentou uma recomendação: o amor indistinto a Deus, ao próximo e a si mesmo...

Alterou, porém, os conteúdos da Sociologia, da Metafísica, da Ética, da Filosofia, tornando a Sua uma Doutrina total, que explica os segredos da vida através de um autoconhecimento incomum e de uma revelação invulgar sobre todos os fenômenos existenciais.

Em quatro pequeninos livros, que Lhe narram a existência, permanece a maior história jamais escrita na Humanidade, a mais concisa proposta de transformação humana, a mais simples estratégia de revolução para mudar as estruturas da Terra.

Cada versículo oferece, visível e oculta, uma mensagem que pode ser penetrada, porém, de forma variada, de acordo com a necessidade de cada um que a consulta e nela descobre a resposta.

São tesouros inesgotáveis de sabedoria, de ciência, de amor, que os tempos não consumiram.

Possuem interpolações, adulterações, mutilações que sofreram através dos dois milênios que se evolaram na ampulheta dos tempos e, não obstante, continuam vivos, ricos de luzes, atendendo a sede e a fome de verdade.

É paradoxal observar-se que, embora tenham sofrido a interferência de paixões, de interesses políticos e religiosos, permaneçam enriquecedores e nobres, norteando milhões de destinos e albergando outras tantas vidas.

Seus ensinos agigantam-se como verdadeiros tratados a respeito da renúncia, da abnegação, da caridade, da não violência, da dignificação humana, da iluminação de consciência, da moral e do pensamento, ampliando espaços na cultura e na conduta de todos aqueles que se permitem consultá-los.

Podem ser considerados pérolas que adornam a cultura humana carente de amor e de respeito pela vida, emoldurando o campo das possibilidades a descortinar e conquistar pelo esforço de cada qual.

Ao alcance de quem os deseje, permanecem silenciosos ou cantantes através dos séculos, em marcha inexorável para o infinito.

Tentar escrever sobre Jesus e Sua Doutrina é ousadia que desperta a coragem e o valor de todos quantos desejam mantê-lO vivo nas páginas da História.

A Sua é a vida mais comentada de todas as vidas.
A história mais narrada entre todas as histórias.
...E, no entanto, muito simples, discreta e incomum.
Desde a data do Seu nascimento que as controvérsias se apresentam.

Teria ocorrido, conforme escreveu o monge cita Dinis, o Pequeno, também chamado Dyonisius Exiguus, que, no século VI, em Roma, tomando por base o texto de S. Lucas – **No décimo quinto ano do reinado de Tibério César, sendo Pôncio Pilatos governador da Judeia; Herodes, tetrarca da Galileia; seu irmão Filipe, tetrarca da região da Itureia e Traconites, e Lisânias, tetrarca de Abilene, sendo sumos sacerdotes Anás e Caifás, veio a palavra de Deus a João, filho de Zacarias, no deserto** *(3: 1 e 2) –, descobriu a forma para definir o ano 754 da era da fundação lendária de Roma, como a Sua data de Natal?!*

Ou ocorreu conforme as análises mais recentes em torno do recenseamento, que se teria dado antes, em 748?!

Ou ainda, tendo-se em conta que, se Ele veio "até João, em janeiro de 28, com a idade aproximada de trinta anos", não teria nascido anteriormente, dois ou três anos precedentes ao período estabelecido para início da nossa era?!

Ou ainda, possivelmente no ano 6 anterior ao marco inicial aceito, conforme os apontamentos a respeito da morte de Herodes, que teria ocorrido em 4, antecipando o registro considerado como pilar do novo milênio, tendo em vista a informação de Flávio Josefo, o historiador do povo hebreu, e as anotações da astronomia que, tomando por fundamento um eclipse lunar, estabeleceu aquele fenômeno como tendo acontecido na noite de 12 de março do referido ano?!

Ou ainda, conforme a narração do encontro de Herodes com os Reis Magos em Jerusalém, quando ele já retornara dos banhos de Callirhoe e de Jericó, onde houvera passado os últimos tempos de sua existência, constataremos que há uma defasagem de cinco anos...

O quase certo, definitivo e aceito modernamente é que o Seu nascimento deu-se no ano 6 antes da nossa era.

Será, porém, isso importante, desde que Ele nasceu, viveu e morreu por amor?

De todas essas aparentes controvérsias, surge a Vida singular e grandiosa de Jesus, que arrebata vidas e continua conduzindo-as ao aprisco de Deus.

Não nos atrevemos a uma apresentação histórica da arrebatadora Vida de Jesus, tarefa que cientistas e teólogos, sociólogos e filósofos vêm realizando com brilhantismo e êxito.

Mergulhamos apenas em algumas passagens dos Seus feitos, para atualizar o Seu pensamento e incorporá-lo ao nosso dia a dia, em busca de plenitude e de renovação espiritual.

Não é, portanto, mais um livro sobre a Sua vida.

São reflexões, gratidão e amor pelo Seu heroísmo, que permanecerá ao nosso lado, acompanhando-nos carinhosamente até o fim dos tempos.

Salvador, 5 de janeiro de 2000.
AMÉLIA RODRIGUES

1

A SENTINELA VIGILANTE

A Mensagem espraiava-se, abençoada como perfume brando que o vento carreasse em todas as direções, alcançando povoados e cidades diferentes, cujos habitantes passavam a comentá-la com entusiasmo.

Não eram ensinamentos comuns, daquele gênero dos que se ouviam nas sinagogas ou nas praças, a que se reportavam os antigos, que fossem comentados pelo poviléu ou pelos sábios. Neles havia algo incomum, que dulcificava, como se possuíssem um elixir maravilhoso, muito aguardado e pouco sorvido.

Tratava-se da revolução que o amor deveria operar nas almas.

Todos quantos se referiam a Deus até então, apresentavam-nO temível e cruel, cuja vingança não tinha limites, alcançando sempre aqueles que O desafiavam ou O desagradavam. Mesmo em relação ao *Seu povo*, a Sua era uma postura de dureza, com exigências severas de obediência e de submissão.

Jesus, no entanto, ensinava que Ele era um Pai, bom e de misericórdia, cujo amor era distribuído com justos e ingratos, crentes e incréus, buscando alcançar todas as criaturas deambulantes pelos largos caminhos do mundo.

A alma de Israel estava muito sofrida. Os longos séculos de sujeição a outros povos guerreiros que a esmagaram mais de uma vez deixaram sulcos profundos de desconfiança e de amargura, ferindo-lhe o orgulho de nação e imprimindo-lhe rebeldia sistemática.

A religião se transformara em um movimento político-social, no qual se destacavam os chefes das sinagogas, os ricos, os fariseus e todos quantos possuíam tendência para as discussões infindáveis quão inócuas.

O povo vivia à margem desses acontecimentos, debatendo-se noutros problemas, tentando sobreviver às circunstâncias aziagas.

Havia desemprego e fome. Os campos estavam ficando desertos, ao mesmo tempo que Jerusalém e as cidades de grande porte encontravam-se abarrotadas de desocupados e aventureiros.

Nesse clima social, a intriga fomentava tragédias, a insegurança fazia-se ameaçadora e o medo crescia assustadoramente, intimidando os mais simples.

A fé modorrenta continuava no comércio ilegal de aves e animais para serem abatidos em ofertórios absurdos para a liberação de pecados, enquanto outras exigências descabidas amarfanhavam a convicção dos indivíduos, que se lhes submetiam por temor, sem significativa vinculação com o Senhor.

A diferença das classes sociais estigmatizava os pobres e sofredores, expulsando do convívio das cidades os enfermos de toda ordem, alguns dos quais, considerados condenados por Deus, que tinham os seus nomes retirados do rol dos vivos.

Periodicamente, nesse caldo de cultura mesclado com as superstições dos povos vizinhos, surgiam profetas e messias aventureiros, que não possuíam as mínimas credenciais para conduzir as massas, antes as explorando com impiedade.

É nesse contubérnio social que aparece Jesus, cuja voz, à margem do Lago de Genesaré, ecoa por todas as terras até alcançar a capital do país, soberba e extravagante.

Ele ainda não se houvera anunciado com o Esperado, mas todos quantos O escutavam não tinham dúvidas em identificá-lO como tal.

Naqueles dias, o Seu périplo libertador abrangia as cidades ribeirinhas, os campos e as aldeias, dando particular atenção às aglomerações nas praças dos mercados e nas praias largas, onde, sentado num barco ancorado nas areias úmidas, entoava o Seu hino de Amor à vida, à verdade e ao Bem.

Pessoa alguma que O ouvisse ficaria indiferente ao Seu chamado, cuja voz branda penetrava a acústica do ser, e jamais desaparecia.

Unindo as ações ao conteúdo das palavras, o Seu amor e Sua compaixão diluíam as dores, liberavam das amarras dos sofrimentos, alteravam o estado orgânico dos enfermos, restituíam a saúde e a alegria de viver em todos quantos haviam perdido o contato com a realidade, e de cujos corações a esperança fugira.

Era natural, portanto, que onde se apresentava, de imediato os curiosos se acercassem, e aqueles que já O conheciam narrassem os Seus estranhos e poderosos recursos que a todos abençoava.

O Seu nome, a pouco e pouco, passou a ser respeitado, e as Suas palavras tornaram-se referenciais para o comportamento das pessoas.

Inevitavelmente, a inveja começou a seguir-Lhe os passos, e a intriga bem urdida passou a tecer a rede maligna dos seus interesses, a fim de colhê-lO em alguma das suas malhas criminosas, para então denunciá-lO às autoridades, que também O respeitavam.

Jesus, porém, enfrentava cada situação com a tranquilidade do justo e a coragem do herói. Nada O detinha no ministério que traçara e levava adiante.

Os homens não abdicam facilmente dos seus hábitos doentios e perversos, da sua sistemática desconfiança, nem da libertinagem que se permitem, encontrando sempre mecanismos de justificação para essa conduta, e reagindo, quanto possível, a todo movimento que vise alterar-lhes a forma de pensar e de viver.

Quando convém, aceitam as diretrizes que lhes chegam, mas passam a aguardar soluções para os seus problemas, sempre que convenientes e lucrativas. Permanecem interessados enquanto os resultados lhes são vantajosos, logo se rebelando ante qualquer desafio ou proposta de sacrifício pessoal. Assim, transferem para aqueles que se lhes tornam líderes o que lhes diz respeito, esperando as respostas agradáveis, e desejando desfrutar os espaços mais amplos no banquete das situações de relevo.

Desse modo, quando parecem aderir às ideias novas, estão transferindo-se de uma posição para outra que se lhes apresenta mais lucrativa.

Por isso, não poucos se acercaram de Jesus, na expectativa de que Ele deveria resolver suas pendengas e cizânias.

Em determinada oportunidade, um desses Lhe pediu:

– *Senhor, manda que meu irmão divida a herança de meu pai comigo.*

Ao que Ele respondeu com energia:

– *Quem entre vós me elegeu juiz de vossas causas?*

Noutra ocasião, um jovem que O ouvira e se sensibilizara com o Seu discurso propôs-Lhe:

– *Eu gostaria de seguir-Te, mas antes devo ir enterrar o meu pai que morreu.*

E Ele contestou de imediato:

– *Deixa aos mortos o cuidado de enterrarem os seus mortos; quanto a ti, busca primeiro o Reino de Deus.*

Em um ensejo formoso, após dialogar com um jovem rico que ficara fascinado, ele lhe declarou:

– *Gostaria de ir contigo, mas tenho uma corrida amanhã. Após a vitória, estarei ao Teu lado.*

Penetrando no futuro com aguda visão, Ele redarguiu, peremptório:

– *Vem agora; amanhã será tarde demais...*

A um doutor da Lei que O experimentara, pusilânime e cínico, tentando iludi-lO, interrogando-O a respeito do que deveria fazer para entrar no Reino dos Céus, Ele ripostou narrando a Parábola do Bom Samaritano e indicou sem preâmbulos:

– *Vai tu, e faze o mesmo.*

Jesus será sempre o sentinela vigilante a serviço de Deus.

Imperturbável, Ele é o modelo sem igual para a autoiluminação da criatura, para o encontro consigo mesmo, para a luta contra o mal que existe no imo do ser humano, sem cujo concurso ninguém chegará ao Pai.

2

Renascimentos libertadores[1]

As anêmonas em flor padeciam a constrição do calor e murchavam, deixando manchas coloridas sobre o verde desbotado das ramagens ressequidas.

O dia amanhecera morno, e a tórrida Judeia de solo calcinado, como o coração dos seus habitantes, prenunciava calor sufocante.

Eles haviam chegado da Galileia, em marcha tranquila, passando pelas povoações e casarios esquecidos dos administradores, nos quais paravam para adquirir alimentos e conversar com os aldeões.

Para aquelas gentes simples e sofridas das regiões remotas das cidades grandiosas, o contato com Jesus significava uma primavera formosa explodindo luz e harmonia na acústica das suas almas. Ademais, por onde Ele passava, mesmo que não se fizessem necessárias as curas ostensivas, ou que não ocorressem de forma pujante, permaneciam suaves aragens de paz e todos se sentiam reconfortados, tocados nos recessos do ser.

---
[1] Lucas, 9:18 a 21 (nota da autora espiritual).

Quem era Aquele homem que sensibilizava as multidões, atraindo crianças ingênuas ao regaço, anciãos ao acolhimento, enfermos à misericórdia, loucos e obsessos à paz e as próprias condições difíceis da Natureza a uma alteração perceptível para melhor? – interrogavam-se todos quantos Lhe sentiam a aura irradiante de Amor.

Inevitavelmente permaneciam atraídos, e mesmo quando não O podiam seguir, em razão das circunstâncias do momento, jamais O esqueciam, aguardando que Ele voltasse entre hinos de júbilo interno e esperanças renovadoras.

A Sua palavra cálida adquiria musicalidade especial de acordo com as ocasiões e ocorrências, tendo modulação própria para cada momento, penetrando a acústica da alma de forma inesquecível.

É muito difícil conceber-se, na atualidade tumultuada da sociedade, o significado da presença de Jesus e o convívio com Ele, em razão dos novos padrões comportamentais e dos interesses em jogo de paixões agressivas e asselvajadas. Entretanto, numa pausa para reflexão, numa silenciosa busca interior, num momento tranquilo de espera pode-se ter uma ideia do grandioso significado da convivência pessoal com Ele.

Isto, porque as motivações sociais e econômicas do momento terrestre são muito tormentosas e as conquistas parecem sem sentido após conseguidas, não preenchendo *os vazios do coração*, que prossegue inquieto, aguardando.

Aqueles eram diferentes, sim. Não obstante, as criaturas eram muito semelhantes às atuais, em razão das suas necessidades espirituais que se apresentavam como angústias para imediato atendimento, em face do desconhecimento das Leis Soberanas da vida, que estavam restritas aos impositivos da intolerância religiosa e às descabidas exigências políticas.

O ser humano sentia-se relativamente feliz quando podia desfrutar dos jogos da ilusória ribalta dos prestígios econômicos, sociais e políticos, cujas vantagens sempre deixavam um gosto azinhavrado de decomposição.

Sem uma visão mais profunda do significado da existência, sem uma Psicologia pessoal mais lúcida, após as mentirosas vitórias, sentia-se frustrado, atirando-se nos fossos da promiscuidade moral ou nas rampas da perversidade guerreira, quando esmagava outros e consumia nas chamas da crueldade seus bens, seus animais, seus descendentes, que eram reduzidos à ínfima condição de escravos.

A esperança de um libertador pairara em todas as pessoas em Israel, que desejava, por outro lado, tornar-se uma nação escravizadora, em revanche contra todos aqueles outros povos que a afligiram. Não era um anseio justo e nobre para a conquista da liberdade, mas uma ambição para a vingança.

Surge Jesus e os olhos ansiosos das massas voltam-se para Ele com variados anelos que se diversificam desde as necessidades orgânicas, às ambições guerreiras, às alucinadas questões de supremacia de raça e de religião, esses permanentes adversários do processo de evolução do espírito humano.

A Sua, no entanto, era outra missão: libertar o indivíduo de si mesmo, da inferioridade que lhe predomina no caráter e nos sentimentos. É natural, portanto, que não fosse compreendido, sequer por aqueles que estavam ao Seu lado, já que os interesses em pauta eram tão divergentes.

A harmonia das Suas lições ia cantando uma sinfonia de esperança nos corações, e a música do seu conteúdo lentamente se fixava na memória dos companheiros de ministério, que ainda não se haviam dado conta da magnitude do empreendimento. As revelações faziam-se lentamente, e como suave calor que amadurece os frutos, assim Ele necessitava preparar os seres para O entenderem.

Desse modo, após o formidando fenômeno da *multiplicação dos pães e dos peixes* e depois de orar, interrogou os amigos que estavam ao Seu lado, sem a presença de estranhos no convívio íntimo:

– *Quem as multidões dizem que eu sou?*

Tomados de surpresa com o inesperado da interrogação, Ele, que jamais indagava, por conhecer a profundeza dos sentimentos humanos e a época em que estava, responderam-Lhe, quase em uníssono, vários deles:

– *João Batista. Outros, Elias. Outros, um dos antigos profetas ressuscitados.*

Houve um silêncio quebrado levemente pelas harmonias ambientais. Após alguns instantes, Ele indagou sem rebuços:

– *E vós, quem dizeis que eu sou?*

A pergunta pairava no ar, quando Simão Pedro, tomado de súbita inspiração respondeu, emocionado:

– *O Messias de Deus.*

Cantavam no ar morno da manhã as vibrações da imortalidade, e diáfana caravana de Espíritos iluminados acompanhava esse momento que ficaria imorredouro na orquestração da Boa-nova.

Ainda não passara a estupefação, quando Ele, com o semblante iluminado, proibiu-os de falar sobre o tema, adindo:

– *O Filho do Homem tem de sofrer muito, ser rejeitado pelos anciãos, pelos príncipes dos sacerdotes e pelos escribas; tem de ser morto, e ao terceiro dia ressuscitar...*

Estavam lançados os *pilotis* do Reino de Deus, que o tempo futuro deveria construir. Obra de tal magnitude, num mundo de perversões e conflitos de valores, exigia o sacrifício da própria vida daquele que a iniciasse. O anúncio da paixão e da morte, no entanto, fazia-se precedido pela glória da ressurreição, pelo triunfo do dia sobre a noite, pela fulguração da imortalidade sobre a transitoriedade física.

Ademais, a revelação do processo evolutivo era apresentada de maneira sutil, com base na crença dos hebreus, o *golgue*, a reencarnação do Espírito em novas roupagens terrestres.

Era crença secreta entre os sacerdotes aquela que se fundamenta no processo de elevação espiritual através das existências sucessivas, como herança natural da longa vivência no Egito com os seus sacerdotes e intérpretes mediúnicos do Mais-além. Vedada ao homem comum, transpirava em forma de aceitação natural a respeito da volta ao corpo físico – reencarnação – e também mediante o aparecimento após a morte – ressurreição.

Jesus divulgava ambas as realidades, ensinando que Ele ressurgiria dos mortos nas roupagens espirituais, condensadas em admiráveis fenômenos de materialização, o que atestava ao não assentir ser João, o Batista, que morrera fazia pouco, nem Elias ou outro qualquer dos profetas ressuscitados, no caso, ora reencarnados.

A Sua encarnação trazia como razão precípua e única ensinar o caminho de autolibertação que o amor iluminado pelo conhecimento proporciona, encorajando os indivíduos ao esforço inadiável pela autoconquista.

Espírito de escol, mergulhara nas sombras humanas como Estrela de primeira grandeza que vencia a distância imensa do lugar onde irradiava luz e segurança, para que todos se resolvessem por acompanhá-lO ao preço do sacrifício e da doação total.

Por isso, repetia, agora aos discípulos, o que anteriormente declarara a Nicodemos, em silêncio e discrição: que era *necessário nascer de novo*.

A doutrina dos renascimentos era apresentada como o caminho para a Verdade e a Vida, que Ele próprio se fez.

O dia avançava e, substituindo o perfume das flores que emurcheciam, o ar parado, aumentando de temperatura, impunha a necessidade de avançarem, margeando os caminhos ásperos nos quais algumas árvores frondosas, sicômoros, figueiras, tamareiras exuberantes ofereciam abrigo do Sol inclemente.

O processo da reencarnação é o único que se coaduna com a Justiça de Deus, oferecendo a todos as mesmas oportunidades de evolução, mediante as quais enriquece os Espíritos com as conquistas nobres do pensamento e da emoção, depurando-se dos atavismos infelizes que neles predominam como decorrência das experiências primitivas.

Graças a essa *Lei de Causa e Efeito*, cada um é responsável pelas ocorrências do seu deambular, tendo a liberdade de agir e a responsabilidade pelas consequências da sua escolha.

O Filho do Homem, porém, iria sofrer sem nenhuma necessidade ou impositivo de evolução, exclusivamente para dar testemunho de que a dor não tem caráter punitivo, mas também funciona nos culpados, culpado que Ele não era, como recurso de autopurificação. A Sua era, portanto, uma dadivosa lição de amor e de encorajamento para todos quantos atravessariam os portais da existência planetária tentando a conquista do Infinito.

3

Mediunidade — vínculo de luz[2]

Permaneciam as dúlcidas emoções do inefável diálogo, no qual o Mestre desvelara-se aos amigos mais íntimos, que se encarregariam de levar o ministério ao mundo após a Sua partida.

As vibrações de paz inundavam os sentimentos, e os companheiros, algo aturdidos, que sem haverem podido penetrar o sentido profundo da revelação, deixavam-se embalar pela expectativa do paraíso próximo, quase ao alcance das suas possibilidades de momento.

Por certo, as interpretações eram diferentes. Judas Iscariotes, porque ambicioso, entendera que Ele restauraria o poder em Israel, conduzindo as rédeas da política, por enquanto nas mãos de César, em Roma. O orgulho da raça predominaria sem qualquer aliança terrestre, porém com estreita vinculação com Javé. Tomé, que se inquietava sob o peso de dúvidas atrozes mesmo após testemunhar os fatos que O exaltavam, ponderava interiormente como seria a vitória do Messias sobre as legiões romanas e as tricas farisaicas, nas quais se debatiam os sacerdotes, os saduceus,

---

[2]Mateus, 16:16 a 19 (nota da autora espiritual).

os zelotes, todos eles formando partidos que se antagonizavam reciprocamente, disputando as transitórias glórias terrestres. Mateus, João, Tiago, permaneceram inebriados, em doce expectativa a respeito do Reino de Deus, que Ele viera instaurar, sem preocupar-se com as hegemonias terrestres.

Pedro, porém, ficara em grande tensão emocional, porquanto, iluminado em determinado momento, descambava para atitudes estúrdias, criando situações embaraçosas.

Em realidade, após haver enunciado que Ele era *o Cristo, o Filho de Deus vivo*, ouvira-O dizer, sem O entender, que ele era *feliz porque não foram a carne nem o sangue que O revelaram, mas o Pai que está nos Céus*. Isso equivalia à informação de que o pensamento do Supremo Senhor fluíra pelos seus lábios, conferindo-lhe grande responsabilidade. O peito ficou-lhe túmido de emoção e todo ele tremeu como varas verdes. Mas o Amigo não silenciara, prosseguindo com o esclarecimento: – *Tu és Pedro, e sobre essa Pedra* (a revelação da verdade que acabara de enunciar) *edificarei a minha Igreja, e as portas do Inferno nada poderão contra ela. Dar-te-ei as chaves do Reino dos Céus, e tudo quanto ligares na Terra será ligado no Céu.*

Como entender a magnitude da tarefa que lhe era delegada? Ele sentia-se apenas um pescador daquelas águas piscosas, homem do mundo, frágil e áspero como as ocorrências do cotidiano.

O deleite durara alguns instantes, porque ao ser enunciada a tragédia que O aguardava, por ocasião do testemunho que Ele deveria dar, o temperamento intempestivo do pescador, de decisões rápidas, pareceu incendiar-se, e ele, tomando-o de parte, começou a repreendê-lo, dizendo:

– *Deus te livre de tal, Senhor. Isso não há de acontecer!*

Retomando a postura de condutor e não de dirigido, o Mestre, com energia, retrucou: – *Afasta-te, Satanás!*

Tu és para mim um estorvo, porque os teus pensamentos não são os de Deus, mas os dos homens.

O diálogo fora rápido. Nem mesmo os companheiros que se encontravam mais próximos perceberam-no, exceto a face severa do Rabi que se encontrava contraída pela energia que despendera.

Pedro assustou-se e recuperou a serenidade.

Tudo agora lhe parecia mais grave e complexo. Ele se dera conta do medo que o havia tomado e da força estranha que o induzira à atitude infeliz, como se ele fosse capaz de alterar a programação delineada pelo Senhor. Não se pôde furtar às lágrimas que lhe aljofraram os olhos e logo se fizeram abundantes, escorrendo sem controle.

O Amigo, tomado de compaixão, esclareceu: – *Se alguém quiser vir a mim, renegue-se a si mesmo, tome a sua cruz e siga-me. Quem quiser salvar a sua vida, perdê-la-á, mas quem perder a sua vida por minha causa encontrá-la-á. Que aproveita ao homem ganhar o mundo inteiro se depois perde a sua alma? Ou que poderá dar o homem em troca da sua alma?...*

...Muitos dos que aqui estão presentes hão de experimentar a morte antes de terem visto chegar o Filho do Homem com o Seu Reino.

Eram informações eloquentes e de altas consequências, porque falavam do testemunho, do sacrifício, da entrega total.

Naquela noite, quando as estrelas cintilantes como poeira de luz adornaram o zimbório, Pedro acercou-se do Mestre, que se encontrava sentado sobre algumas raízes de velha figueira, e porque houvesse permanecido sem entender a ocorrência, tomado de angústia, indagou com respeito:

– *Serei eu, Senhor, Satanás, que me hei constituído um estorvo para o Teu santo labor? E se assim o sou, por que me entregaste a responsabilidade pela preservação das Tuas palavras, cuidando de ligar almas ao Teu Messianato, o que confirmarias no Céu?*

O Amigo compassivo, que houvera percebido o véu de tristeza que ensombrecia a face do discípulo, esclareceu docemente:

— *Simão, o homem na Terra é um canal por onde vertem a inspiração e o pensamento da Imortalidade, sempre em contato com os transeuntes do vale de sombras, a fim de que possam desfrutar de claridades espirituais e terem renovadas as suas forças. Nem sempre, porém, a onda que envolve o ser é de procedência superior.*

Fazendo uma pausa natural, a fim de que o humilde pescador pudesse apreender todo o significado da informação profunda, logo prosseguiu, esclarecendo:

— *Quando me identificaste como o Messias, meu Pai comandava o teu pensamento e foste instrumento de vida. Por isso te disse que não havia sido a carne nem o sangue, porque não se tratava de um raciocínio, de uma conclusão do teu cérebro. A revelação te alcançava a mente em sintonia com a Verdade, e te tornaste intermediário dela.*

Logo depois, porque o medo te perturbasse a razão, esquecendo-te de que a nossa é uma jornada para o sacrifício, que o "cordeiro segue para o matadouro", a fim de que a Sua mensagem se perpetue pelo exemplo, foste instrumento de Satanás, o Espírito infeliz que procura ser estorvo em relação ao ministério de libertação das criaturas.

Já me viste expulsá-lo de vários enfermos e, não obstante, ele investe, infeliz e perturbador, ganhando adeptos no mundo, em contínuas tentativas de criar embaraços aos que andam em justiça e equidade.

Certamente não me enfrenta porque medeia entre nós um abismo de distância vibratória, no entanto, direciona sua onda mental, que é captada pelos que se fragilizam e temem a perda das coisas vãs do mundo.

Fez um silêncio proposital, enquanto o discípulo luarizava a preocupação e dava-se conta do significado do ensinamento a respeito do intercâmbio entre os Espíritos e os homens, os vivos e os mortos, os visíveis e os invisíveis...

De imediato, concluiu:

— *Não me referia a ti, mas à força satânica que te utilizava, com o objetivo de intimidar-me, de fazer-me desviar daquilo para o que vim, que é o holocausto, após as lições incessantes de amor. Por isso, é necessário "vigiar as nascentes do coração, de onde procedem os bons como os maus pensamentos", a fim de manter-te em sintonia com o Pai, e não com o Espírito do mal.*

Estava sancionada a mediunidade e o seu exercício lúcido. Pedro fora o exemplo excelente da sintonia psíquica com o Mundo superior que o inspirara na revelação, mas também com a Entidade perversa que se comprazia no mal.

Todo o ministério de Jesus esteve assinalado pelas interferências espirituais de uma como de outra ordem, e não foi por outro motivo que Ele foi denominado como *o Senhor dos Espíritos*, em razão da Sua ascendência sobre todos eles que se comunicavam.

O Seu nascimento foi anunciado por seres angélicos através dos séculos que precederam à Sua chegada. Os profetas referiram-se ao Seu momento como o da libertação, e Ele foi esperado como o Eleito. Mas também, depois da Sua morte, ei-lo que retorna, confirmando a indestrutibilidade da vida, como igualmente o intercâmbio mediúnico.

E, para tornar definitiva a mensagem lúcida de intercâmbio entre as duas esferas de vibrações que se espraiam pelo Universo, seis dias depois do majestoso diálogo, Ele tomou Pedro, Tiago e João e levou-os ao monte Tabor, onde se transfigurou diante de Moisés e Elias, que passaram a dialogar com Ele, demonstrando a Sua superioridade moral sobre eles e os companheiros singularmente impressionados com a Sua grandeza e autoridade espiritual...

Naquele ato, em que Moisés participava em espírito, o grande legislador hebreu também liberou a mediunidade e confirmou o relacionamento entre os Espíritos e os homens, sob as bênçãos sublimes de Jesus, que ali se apresentava como Médium de Deus.

Desde então, a mediunidade, que pode ser considerada como um novo arco-íris que identifica a aliança simbólica de Deus com as criaturas humanas, passou a ser a ponte de luz sublime entre a vida e a morte, a Terra e os Céus.

4

O DISPENSADOR DE BÊNÇÃOS[3]

Do ponto de vista sociológico, tratava-se de um grupelho. Desaparelhados e inexperientes, a sua importância advinha da presença de Jesus, que os conduzia com sabedoria, esclarecendo-os quanto aos *negócios da Boa-nova*.

Eles próprios não se davam conta da grandeza do compromisso a que se haviam vinculado. Nem mesmo haviam proposto interrogações. Deixaram-se arrastar pelo magnetismo do Nazareno que os fascinava e seguiam-nO sem consciência da revolução que se estava delineando e na qual teriam papel relevante.

Quase todos eram de procedência humilde, alguns mesmo analfabetos, conhecedores dos textos sagrados mediante a tradição verbal, ignorando as interpretações teológicas ou o significado místico dos seus conteúdos. Acreditavam em Deus por atavismo, sem aprofundamento de informações, reverenciando-o conforme os hábitos simples que adotaram e mantinham.

---

[3]Lucas, 4:38 a 44 (nota da autora espiritual).

Jesus era um desafio constante que lhes ultrapassava a capacidade de entendimento. O Seu porte físico e a Sua estatura moral não podiam ser mensurados e, sem maiores reflexões, isso lhes bastava para amá-lO, segui-lO e confiar n'Ele.

Muitos dos Seus discursos escapavam-lhes à compreensão; não obstante, quando a massa se diluía, o Mestre ministrava-lhes particulares observações e esclarecimentos próprios.

Nunca poderiam imaginar que os seus nomes e sacrifícios ficariam imortais nas páginas da História e nos sentimentos humanos, eles que nada ou quase nada ambicionavam, além do atendimento das suas e das necessidades familiares mais imediatas.

As revoluções, porém, não são constituídas por personagens importantes, de destaque no mundo, famosas no conceito social. Tornam-se conhecidas depois do holocausto, da expansão ideológica, de haverem extrapolado a própria dimensão.

Os mártires da Doutrina, que os seguiram, eram também gentes humildes, sedentas de paz e esfaimadas de amor, que se nutriram do pábulo divino da esperança em um mundo melhor, rico de fraternidade e perdão.

Jesus fizera-se como um deles, a fim de melhor os conduzir, utilizando-se da sua linguagem e diminuindo as suas aflições. Embora os Seus fossem motivos mais importantes e quase inalcançáveis para eles, simplificou-os e conseguiu sensibilizá-los de tal forma, que se deixaram de pertencer para imolarem-se mais tarde pelo ideal.

Essa extraordinária saga, a da construção do Reino de Deus no mundo dos homens, é a mais notável conquista do Espírito inteligente em nome da solidariedade e do humanitarismo.

Pode-se imaginar, embora a grande distância no tempo e a diferença de circunstâncias, o que eram aquelas gentes modestas e afligidas pelas asperezas existenciais. Os seus objetivos muito imediatos, resumiam-se nos labores do cotidiano, na resignação a que eram submetidas pelas imposições sociais arbitrárias, na conquista do pão, da roupagem e da pequena propriedade em que residiam, sem mais amplas aspirações... As doenças eram-lhes cruéis sicários, ao lado da pobreza, do desprestígio, das lutas entre si...

Jesus aparece-lhes e abre-lhes um elenco de novas possibilidades, oferecendo-lhes recursos incomuns, oportunidades antes jamais imaginadas, e causa uma rápida mudança de conduta. Os interesses servis avolumam-se e as paixões engalfinham-se em disputas constantes, de modo a beneficiarem-se da Sua presença, a merecerem as Suas concessões... A mensagem d'Ele, de renovação e de libertação interior, passava quase despercebida, por cuja razão estavam sempre avolumando o número de párias morais e desajustados sociais, para que pudessem ser atendidos.

Assim, a *Sua fama se espalhou por toda a região* de Cafarnaum, na Galileia.

As pessoas famosas perdem o direito à privacidade, ao repouso, a si mesmas.

Os seus atos são vigiados, e os seus pensamentos, perscrutados. Devem ser originais e representativas das ambições dos seus aficionados. Não lhes são facultadas horas de paz nem desfrutam as oportunidades de seres normais.

Com Jesus assim acontecia. Exigiam-Lhe sempre que provasse ser o Filho de Deus, por mais demonstrações que fossem apresentadas.

Onde aparecia, logo a multidão infeliz, aquela assinalada pelas dores excruciantes, adensava-se, aguardando milagres. A palavra milagre significava-lhes o impossível, como até hoje, e isso atrai a curiosidade. Negavam-se a acreditar no Seu poder de alterar a estrutura de muitas ocorrências, por conhecê-las integralmente.

Desse modo, quando Ele chegou a Cafarnaum, após haver discursado na sinagoga, os amigos pediram-Lhe que atendesse à sogra de Pedro, que ardia de febre.

Magnânimo e superior às questiúnculas da saúde física, compreendia, no entanto, o que ela lhes significava. Ele cuidava da saúde real, aquela que responde pela externa, mas as pessoas se preocupavam de maneira equívoca.

Assim, desejando fazer-se respeitado, *Ele inclinou-se sobre ela, ordenou à febre, e esta deixou-a. Erguendo-se, imediatamente começou a servi-los.*

Ao pôr do Sol, todos quantos tinham doentes, com diversas enfermidades, levaram-Lhos, e Ele, impondo as mãos a cada um deles, curava-os. Também de muitos saíam Espíritos, que gritavam e diziam: **Tu és o Filho de Deus!** *Mas Ele repreendia-os e não os deixava falar, porque sabiam que Ele era o Messias,* e a hora da revelação ainda não chegara.

Cada questão em seu momento próprio, e era necessário preparar o campo, fertilizá-lo, a fim de que as sementes de luz pudessem germinar e o Novo Dia se instalasse nos corações.

Terminada a tarefa junto aos afligidos pelos próprios erros, aos amarrados em tresvarios obsessivos por consciência culpada, aos desesperados por haverem perdido a direção de si mesmos, o Mestre retirou-se, para sintonizar com Deus, a Inexaurível Fonte de Vida.

Procurado insistentemente pelas sucessivas ondas de necessitados que chegavam, intérminas, Ele explicou: – *Tenho também de anunciar a Boa-nova do Reino de Deus às outras cidades, pois que para isso fui enviado.*

...E saiu a pregar nos campos, nas aldeias, nas sinagogas, nas praças, nas praias, em toda parte onde se fizesse necessário.

A primavera espiritual que Ele iniciava jamais se transformaria em outono de desesperança ou inverno de sofrimentos insuportáveis, porque Ele permaneceria para sempre como o incomparável dispensador de bênçãos, renovando as paisagens do mundo moral da criatura humana de todos os tempos futuros.

5

O JOIO PERVERSO E O TRIGO DE LUZ[4]

Cessada a algaravia produzida pela turbamulta sempre ansiosa e insatisfeita, depois das inesquecíveis lições de sabedoria, o doce-enérgico Rabi, acompanhado pelos amigos, foi para casa.

Sopravam os favônios do entardecer e o céu cobria-se com sucessivos tecidos evanescentes de variegado colorido.

As trilhas luminosas do Astro-rei confraternizavam com as nuvens arredondadas que se adornavam de cores multifárias e uma harmonia mágica pairava no ambiente calmo.

As casas, esparramadas nas praias de seixos escuros e areia marrom, eram abrigos e remansos tranquilos para os seus habitantes, que falavam sem palavras do intercâmbio de vibrações sutis entre o mundo físico e o transcendental.

A presença de Jesus irradiava harmonia e toda uma sinfonia quase inaudível de incomum beleza permanecia vibrando onde Ele se encontrava.

Aquele havia sido um dia afanoso. As multidões revezavam-se e os aflitos não cessavam de apregoar as suas

---

[4] Mateus, 13:36 a 43 (nota da autora espiritual).

mazelas, rogando amparo e saúde, que logo desperdiçavam no terrível banquete das alucinações desmedidas.

Para que não voltassem aos tumultos nem às insensatezes comprometedoras, o Mestre, dando cumprimento ao que estabelecera a Profecia, abriu a Sua boca em parábolas e proclamou coisas que estavam ocultas desde o princípio, e, por isso mesmo, ignoradas.

A partir daquele momento, ninguém se poderia considerar ignorante da verdade, deserdado do Reino dos Céus, esquecido da Divina Providência.

João, o Batista, viera aparelhar, corrigir os caminhos por onde Ele prosseguiria ampliando trilhas e anunciando a Era Nova.

A Humanidade ali representada reapareceria no futuro dos tempos, renascendo em novos corpos e repetindo a música incomparável do Seu verbo libertador.

Ainda aturdidos por tudo quanto haviam visto e ouvido, os companheiros, que não conseguiram entender o incomum significado das declarações, impressionados com alguns dos ensinamentos, aproveitando-se de um momento de repouso, acercaram-se-Lhe e pediram-Lhe que explicasse a complexa parábola do joio, há pouco narrada.

Invadido pela imensa ternura com que sempre elucidava os atônitos discípulos, Ele esclareceu:

– *O mundo é o campo imenso e abençoado que aguarda a sementeira. Neutro, depende daquele que o vai utilizar, preparando-o convenientemente para que a ensementação faça-se coroada de êxito.*

Sempre tem estado aguardando a bênção das sementes que o dignifiquem, para tornar-se área de vida.

"Aquele que semeia a boa semente é o Filho do Homem", que veio distribuí-la em toda parte, a fim de que a terra gentil se converta em um formoso jardim-pomar. Sem te-

mer qualquer impedimento, entrega-se à tarefa com os olhos postos no futuro.

"A boa semente são os filhos do Reino", como palavras renovadoras e diretrizes de segurança, para que tudo se faça de acordo com os desígnios do Pai, que deseja a felicidade dos Seus filhos e providencia para que nada lhes falte no cometimento da evolução.

"O joio são os filhos do maligno", que são os vícios e as perversões que se permitem as criaturas no trânsito de crescimento interior, sem a necessária coragem para vencê-los.

"O inimigo que semeou o joio" é a inferioridade moral do ser que nele predomina, retendo-o na retaguarda do processo de iluminação pessoal a que se entrega sem resistência, porque lhe atende os desejos primários a que se encontra acostumado.

"A ceifa é o fim do mundo e os ceifeiros são os anjos". O mundo moral está em constante transformação, por causa da transitoriedade da existência física, das suas alternâncias e a seus processos degenerativos. Por mais longa, sempre se interrompe pelo fenômeno da morte e se encerra o capítulo existencial, chegando o momento da ceifa, que se apresenta na consciência, que refaz o caminho percorrido sob a inspiração dos seres angélicos encarregados de orientar os seres humanos.

"Assim, pois, como o joio é colhido e queimado no fogo, assim será no fim do mundo", quando cessar as experiências carnais de cada criatura, que enfrentará a semeadura do mal realizada no próprio coração. Os erros, na condição de erva perniciosa, reaparecerão com todo o vigor, exigindo prosseguimento da viciação, agora sob outras condições inexequíveis, afligindo e atormentando com as chamas do desejo infrene, ardendo no sentimento e na razão em desgoverno.

"O Filho do Homem enviará os Seus anjos que hão de tirar do Seu Reino todos os escandalosos e todos quantos praticam a iniquidade, e lançá-los-ão na fornalha ardente; ali

haverá choro e ranger de dentes", porque a consciência quando desperta e avalia o mal que a si mesma se fez, sem oportunidade imediata de reparação, aflige-se, leva o indivíduo ao sofrimento que o faz estorcegar-se e chorar sem consolo, por haver-se iludido sem qualquer necessidade.

O anjo da morte e o dos renascimentos físicos, após colher os aficionados do escândalo, do crime, da perversão, selecionará aqueles que poderão prosseguir na Terra e aqueloutros que serão enviados ao exílio em mundos inferiores, mais primitivos e infelizes, onde recomeçarão a jornada interrompida em condições muito menos propiciatórias. Será realizada a seleção natural pelos valores espirituais de cada qual, que compreenderá a insânia que se permitiu, envidando esforços hercúleos para se recuperarem.

Enquanto isso, "os justos resplandecerão como o Sol, no Reino do seu Pai, porque estarão em paz consigo mesmos, sintonizados" com a imortalidade em triunfo, livres de paixões e vinculações com o crime, a hediondez, a sombra que antes neles predominavam.

Um silêncio, feito de unção de alegria e de paz, abateu-se sobre a sala modesta onde Ele acabara de falar.

A Sua voz permaneceria fixada na memória deles para sempre, que se recordariam daquele instante de mágica poesia e grandiosa sinfonia para todos os dias do porvir.

As ansiedades da natureza no entardecer cediam lugar às primeiras manchas de sombras desenhando figuras estranhas no firmamento adornado de luz e cor.

A partir daquele momento, as responsabilidades cresciam e delineavam com maior precisão os compromissos que firmariam com o suor do trabalho e o sangue do sacrifício.

Já não eram mais os mesmos, aqueles homens simples, arrebanhados entre os pescadores, os de menos cultura, os cobradores de impostos, os exegetas, os indagadores. Eles eram uma síntese da Humanidade, sem os vernizes sociais enganosos e alguns envolvidos pela ganga dura que oculta o diamante precioso. O Amigo se encarregava de trabalhá-los a todos para as tarefas que teriam de executar até o fim dos milênios.

...Eram homens toscos e modestos, sem dúvida, no corpo, mas antes de tudo, Espíritos convidados para o grande banquete da Boa-nova, para o qual vieram...

6

ANÚNCIO DO REINO[5]

As anêmonas marchetavam a orla dos caminhos com verdadeiras explosões de delicadas e volumosas flores de tons variegados.

As folhas de tabaco verdejantes compunham a paisagem exuberante, na qual as árvores frutíferas apresentavam os seus frutos abundantes aguardando a colheita.

A Primavera entoava um hino de luz e cor em toda parte, enquanto o casario à margem noroeste do lago de Tiberíades em pequenos e volumosos aglomerados, que se estendiam por quase vinte quilômetros, falavam sem palavras da expansão humana, política e social na região.

A sinagoga de Cafarnaum, erguida aproximadamente um século antes de Jesus, era o referencial para o culto religioso, estudos e resoluções administrativas da cidade.

Tiberíades, logo adiante, com as características helênicas, esplendia com as suas majestosas construções em homenagem ao imperador Tibério César.

Mas entre as cidades grandiosas, os povoados, os aglomerados de casebres de agricultores, pescadores e vi-

---
[5]Mateus, 10:1 e seguintes (nota da autora espiritual).

nhateiros, salpicavam os caminhos movimentados à beira-mar ou entre sebes oscilantes ao vento.

O Mestre dera início ao ministério e atraía as multidões que se avolumavam ao Seu lado, com curiosidade, interesses pessoais, necessidades de todo tipo.

Ele a todos atendia, ampliando, porém, os Seus ensinamentos, a fim de que os indivíduos libertassem-se da miséria mais grave, que é a ignorância sobre si mesmos, a verdade e a vida.

Por isso, as lições assemelhavam-se a pérolas que fossem sendo distendidas por todos os lugares, a fim de que, em momento próprio, pudessem ser enfeixadas em um grande colar que unisse todos os indivíduos em um tesouro de amor.

Inicialmente, porque as obsessões fossem cruéis e inumeráveis, em intercâmbio de impiedade que resultava da ignorância, o Mestre convidou os discípulos e deu-lhes poder para expulsar os Espíritos impuros, assim como a energia curativa para os males do corpo e da alma de todos quantos viessem até eles martirizados pelas doenças.

A seguir, enviou-os a diferentes partes para que pudessem preparar os alicerces do reino que viria a ser implantado nos corações.

Recomendou-lhes prudência e coragem, generosidade e inteireza moral, a fim de que não se imiscuíssem em questiúnculas descabidas, nem se perturbassem com os gentios, com os discutidores inúteis, mas que fizessem todo o bem possível, curando as doenças, afastando as perturbações, mas anunciando a Era que logo mais se iniciaria.

Era como a apoteótica *Abertura* de uma Sinfonia de incomparável beleza, anteriormente jamais ouvida.

– *Eu vos envio* – disse Ele – *como ovelhas para o meio de lobos; sede, pois, prudentes como as serpentes e simples como as pombas. Tende cuidado com os homens: hão de entregar-vos aos tribunais... Mas não os temais, porque o Pai falará por vossas bocas.*

Os amigos partiram emocionados, cantando esperanças no coração, sem ter ideia de como reagiriam as criaturas à nova proposta.

Ensinaram pelos caminhos e veredas, detiveram-se nas praças e nas praias, narraram o que haviam visto e ouvido, expuseram o pensamento do Rabi, mas não foram tomados em consideração.

Somente quando as palavras eram coroadas pelos feitos, arrancando das traves invisíveis das doenças, aqueles que as padeciam, é que se lhes concediam alguma atenção, dando-lhes as costas de imediato e sugerindo que viesse pessoalmente o Messias... para que o vissem e pudessem testificá-lo.

Por Sua vez, Jesus foi também pregar em outras cidades, especialmente a respeito de João, o Batista, causando espanto a Sua coragem, em razão do filho de Zacarias e Isabel encontrar-se prisioneiro na Pereia por ordem de Herodes, insuflado pela sua mulher e cunhada, Herodíades, com quem vivia em concubinato.

Os ventos generosos da estação perfumada levavam a Mensagem de *boca a ouvido* e de *ouvido a boca*, disseminando-a por toda parte até aos confins das fronteiras no Além-Jordão.

Uma grande calmaria emocional passou a viger nas almas em expectativa. Os comentários se faziam frequentes e as interrogações levantavam-se nos grupos que se reuniam nos diferentes lugares.

A música do Seu verbo iria inflamar os corações e provocar incêndios nos sentimentos e nas mentes apaixonadas, que não estavam preparadas para a mudança radical de comportamento que Ele propunha.

Já agora não era mais possível deter a odisseia em pleno desenvolvimento.

Quando os discípulos retornaram e relataram os acontecimentos que tiveram lugar à sua volta, o Mestre definiu que aquele era o momento de dar curso ao Messianato.

Ergueu-se como um gigante e se expôs por amor, arrostando todas as consequências dos Seus severos sermões, Suas graves admoestações, Suas generosas concessões.

Esclareceu que o Reino de Deus encontra-se dentro da criatura humana, que deverá alcançá-lo com muito empenho e arrojada decisão, negociando tudo o que é transitório para a sua aquisição eterna.

Abrindo os braços às multidões que sempre o cercariam, naquela oportunidade abençoou o mundo e os seus habitantes, compondo a mais notável sinfonia de todos os tempos, musicada pelas Suas palavras e atos ao compasso do inefável Amor.

7

O MINISTÉRIO DE MATEUS LEVI[6]

O Deserto da Judeia é uma área imensa de basalto calcinado pelo Sol ardente ou de rocha calcária em tonalidades pérola e marrom, onde a vida não frondeja, nem qualquer espécie de alegria permanece. Tudo é aridez e vazio, periodicamente varrido por ventos mornos e violentos, portadores da patética do desespero e da morte.

Antes de iniciar o Seu ministério, Jesus o buscou, a fim de mergulhar no silêncio que a muitos atemoriza, mas que, para Ele, era pauta para que aparecessem as notas melódicas do Pensamento Divino, na ausência de ruídos, exceto o piar triste de alguma ave de rapina em voo longínquo, perscrutando algum despojo cadavérico, ou o sibilar do vento ligeiro. No mais, é a solidão profunda, é a visão das corcovas do dromedário de pedras lascadas que se superpõem, milenarmente cansadas do repouso forçado a que foram destinadas.

Pela sua orla, à entrada, onde começam a escassear a vegetação e a vida, passam caravanas que se beneficiam da sombra amiga de alguns sicômoros vetustos, de figueiras

---

[6]Mateus, 9:9 a 13 (nota da autora espiritual).

retorcidas pela idade, de tamareiras farfalhantes, de tamarindeiros grandiosos em cujos ramos os pássaros gorjeiam e as flores miúdas desabrocham perfumes...

Uma fonte aqui e a terra levemente úmida mais adiante onde passou fraco regato vão cedendo lugar ao tormento do solo sem vida, às gramíneas escassas e crestadas sinalizando o ermo que se inicia até perder-se nos confins do mar morto.

Nada respira, nem se move, exceto nos infaustos momentos das tempestades de areia, que arrancam do solo gemidos e gritaria infrene.

O deserto sempre foi eleito pelos homens que necessitam de Deus, que se apartam momentaneamente dos outros homens, a fim de adquirirem forças para os suportar. Sem o encontro com Deus não é possível conviver com aqueles para quem têm a mensagem de amor e de vida.

Jesus buscou o deserto para inebriar-se de Vida e, adaptado ao silêncio das pedras, suportar o vozerio da ignorância humana vestida de vaidade cultural e presunção da exegese religiosa.

Mui provavelmente Jesus subira à região de Abara e Pela, onde se multiplicam as áreas desérticas em planaltos adustos e sucessivos, tombando para as regiões de Jacó e ampliando-se pelas montanhas da Pereia, aureoladas pelos elevados picos do Galaad.

Ali, somente os espinhos pontiagudos oferecem pouso para os pés entre areias e seixos calcinados e tórridos.

Jesus refugiou-se em uma concha natural da pedra elevada e espraiou os olhos pela imensidão vazia assinalada pelas chapadas mortas e deixou-se perder em si mesmo.

Ficaram para trás Nazaré, os interesses da família, os hábitos que foram mantidos por quase três décadas, a simplicidade do lar e a singeleza dos Seus conterrâneos. Tudo isso tornou-se passado. A complexidade do compromisso humano cedeu lugar ao imenso mergulho no oceano da humanidade. Servir a Deus em toda a extensão da palavra, abandonando os labores dos homens, a fim de envolvê-los na mensagem de libertação.

As construções, até aquele momento, foram realizadas na areia transitória da vacuidade terrestre, mas, a partir de então, serão realizadas na rocha perene da verdade para todos os tempos, e a solidão é que estabelece os primeiros alicerces, escavados no basalto duro dos corações, para que sobrevivam aos tempos...

A partir daquele momento, não terá lar, nem alforje, nem parentes, senão aqueles que estejam dispostos a associar-se à Sua empresa, a do Reino dos Céus.

Embora as *raposas possuam o seu covil e as aves dos céus tenham os seus ninhos*, o Filho do Homem, porém, não possuirá nada que aprisione, que limite, porque tem as noites imensas, o dossel de estrelas, as nuvens carregadas, os dias sem fim, os corações confiantes, e andará de porta em porta, por caminhos tortuosos, chamando e clamando até que se dê o triunfo do Amor.

Por tudo isso, o deserto era importante para a meditação, a busca interior, o Encontro...

Depois de vários dias, Ele desceu e iniciou a maratona da fraternidade apoiada nos passos da compaixão pelos homens.

Chamou a alguns homens que haviam sido escolhidos antes de serem e deu-lhes as primeiras instruções.

Um deles, Mateus Levi, Filho de Alfeu, que era detestado porque cobrava impostos, vira-O à porta da alfândega, na manhã de sábado, muito próxima à sua casa. Não saberia explicar-se porque, naquele horário e naquele dia, fora até lá, onde lhe era habitual estar, menos nesse horário, nessa circunstância. Pôde ver o magote que se aproximava, tendo o Estranho que vinha à frente. À medida que se acercavam aqueles homens, Levi passou a sentir-se diferente, comovido, especialmente após sentir-lhe o relâmpago do olhar. Nunca mais O esqueceria, passando a segui-lO, anotando os Seus ditos, os Seus feitos, Sua beleza...

Naquela mesma tarde, como de hábito, compareceu à sinagoga e O ouviu, num timbre que o revigorava interiormente, trazendo indefiníveis ressonâncias ao coração tristonho, em face do desprezo que sofria do seu povo por ser escrevente da coletoria...

Quando a multidão O acompanhou após o ofício religioso, ele se manteve a uma regular e prudente distância, a que se adaptara, embora anelasse por convivências saudáveis, sorrisos joviais, confiança, amizade, tão pouco e tanto de que necessitava.

Passara as horas com ansiedade e adormeceu sob lânguido torpor que o levara a estranho sono, no qual via-se carregando os livros da alfândega, mas, nos quais, além da inexistência de moedas, sestércios, denários e dracmas, apresentavam outros apontamentos sobre vidas e alegrias em promessas de luz.

No dia seguinte, voltou à repartição e entregou-se, sem estímulo, ao trabalho rotineiro, escravizador, deixando que o pensamento voasse em busca daquele Homem peculiar.

Horas depois, ao erguer os olhos que atravessam o retângulo da porta ensolarada, entre o céu turquesa e as águas levemente eriçadas do mar, fulgurando de estranha beleza, está Jesus, que o convida:

– *Levi, filho de Alfeu, segue-me!*

Era mais do que um convite, tratava-se de uma ordem, uma convocação doce e forte.

O cobrador não teve dúvida, levantou-se e O seguiu.

As cidadezinhas da margem do lago de Cafarnaum esplendem ao Sol dourado, os seus muros caiados estão carregados de trepadeiras de flores miúdas que colocam variação de cores, enquanto as borboletas bailam entre os festões e as folhas rasgadas das palmeiras ondulantes.

Há uma estranha festa, uma diferente alegria no ar, nos caules verdejantes das plantas, no estalido dos galhos secos a se arrebentarem no chão sob os pés andarilhos, como se fossem o pulsar do coração da Natureza em sorrisos de esperanças.

As caravanas se movimentam no rumo das terras distantes, o vozerio dos pescadores mistura-se à gritaria da infância, à exuberância do Dia.

Levi, o antigo publicano, exulta, tendo saído do inverno dos preconceitos ao qual o haviam atirado para os júbilos do verão que passava a experimentar. Estava renascido e desejava demonstrá-lo. Sentia-se impulsionado a realizar algo diferente, que sensibilizasse a cidade, o povo, os conhecidos, os inimigos...

Já não se sentava no telônio, recuperara a cidadania. Estava quase feliz.

Convidou o Rabi a um banquete no seu lar, onde cuidadosamente preparou a mesa, repletando-a com bons vinhos de Siquém, de Chipre, o precioso falerno em tons de rubi, peixes assados e fritos, maçãs de Méron, romãs de Corazim, azeite e mel preciosos do Hébron. A toalha de linho branco mal comportava a abundância de taças, pratos, baixelas...

À porta de entrada, serviçais sustentam vasilhames com água pura para as abluções. Tudo estava preparado, e o povo, tomado de curiosidade, aglomerou-se na praia.

Subitamente, dentre os barcos que têm as suas velas enfumadas, destaca-se o de Simão, e, à proa, com a túnica brilhante e os cabelos do tom de mel emoldurando-Lhe a face, surge Jesus.

Levi tem vontade de gritar, estourar o peito em uma sinfonia de felicidade dantes jamais sentida.

Os seus amigos estão ali, todos aguardam o acontecimento com ansiedade e desconfiança.

Quando Jesus e o grupo aproximam-se, Mateus avança, curva-se e, esfuziante de júbilo, abre os braços e envolve o nobre visitante.

Sorrindo, o Senhor lhe diz:

– *Mateus, és realmente muito feliz, porque hoje a felicidade adentra-se pelo teu lar.*

O banquete transcorre ao som de pífanos e flautas, pandeiros e delicados sinos, enquanto o ar balsâmico da tarde está carreado de perfumes de madeiras preciosas que ardem em pequeninas piras fumegantes em volta da mesa farta.

Jesus faz a refeição do entardecer com os convidados do Seu convocado, publicanos como Ele, da mesma alfândega, que se interessam pelo *Reino* que Ele traz. Esclarece uns e orienta outros, explica-lhes qual a estratégia a desenvolver, para que se implante o *Reino* especial, e toda uma conversação afetuosa se estabeleceu.

Ao terminar o banquete, Jesus preparava-se para sair entre sorrisos e gratidões, quando alguns não convidados da vizinhança, dentre os quais diversos fariseus que se acotovelavam, picados pela inveja e pelo ciúme, amargos e censores, interrogaram, cínicos, a Mateus, tentando humilhá-lo:

– *Por que razão vosso Mestre senta-se à mesa e come com os publicanos e os pecadores?*

A presunção egocêntrica faz que pensem estar isentos de pecados, somente porque são formais, pusilânimes – o que já é um pecado – e conservadores de superadas e vazias tradições.

Imperturbável, por conhecê-los interiormente, Jesus redarguiu:
— *Não necessitam de médico os sãos, mas sim os doentes...*
A resposta verdadeira surpreende-os, desmascara-os, porque se sabem enfermos também, mas o desmedido orgulho os impede de buscar medicação. Assim são as criaturas humanas, presunçosas das suas pobres prerrogativas. Estão próximas da luz e evitam-na; sentem a presença da paz e recusam-na; experimentam o perfume da felicidade, mas impedem-se a harmonia...

...Doentes que também eram no seu farisaísmo os inquiridores, Jesus deixou-os aturdidos e foi-se, tranquilo, na direção da noite formosa.

Mateus Levi mudara de atividade, encontrando a sua real vocação – anotar almas para o banquete do Reino de Deus.

8

A FUNESTA PAISAGEM HUMANA

Os ódios, que espocavam facilmente e com volúpia devoradora, eram sentinelas permanentes e ativas, espalhando vapores morbíficos que empestavam o ambiente em toda parte.

Israel era um lôbrego proscênio onde se desenrolavam os espetáculos políticos e culturais, religiosos e civis de maneira cruel. Dividido por partidos de natureza diferente, em que se misturavam os interesses sociais, de fé e de dominação, encontrava-se assinalado por dissensões irreconciliáveis que se multiplicavam, arruinando a sua estrutura humana.

Os *saduceus*, aliando-se ao poder de Roma, não aceitavam a imortalidade da alma, nem a Justiça Divina, tornando-se epicuristas e gozadores que se compraziam em desfrutar ao máximo dos despojos que a águia devoradora lhes deixava, na sua condição de hienas do seu próprio povo. Helenizados, homiziavam-se na cultura grega para subestimar as revelações espirituais do *povo eleito*, chafurdando na sensualidade e no despudor. Invariavelmente ricos, eram indiferentes à miséria que grassava, em avassalador egoísmo que os tornava detestáveis.

Levantando-se contra eles, os *fariseus* fizeram-se adversários naturais, em tentativas incessantes para impor-lhes a Lei e os Profetas, mergulhando no mais absurdo formalismo em detrimento dos conteúdos morais, mascarando-se com uma pureza irreal e sustentando lutas de morte contra aqueles que se lhes opunham, ou que simplesmente não lhes fossem simpáticos. Atulhados de pergaminhos amarelecidos, que consultavam amiúde, exigiam o cumprimento de todos os artigos, usando artimanhas e sofismas hábeis que envolviam o poder dominante, que os evitava com maldisfarçado sarcasmo. A aparência, cuidadosamente preservada, tornava-os distinguidos onde quer que se apresentassem, sempre acusando, discutindo, perseguindo com falsa superioridade e rigor discricionário.

Não vivendo conforme recomendavam, exigiam que os demais fossem duramente castigados com penalidades, não raro, superiores às faltas, a fim de satisfazerem a própria insânia.

Mataram os sentimentos de compaixão, de misericórdia e de amor, estiolando-se na ardência de incomum impiedade.

Esses puritanistas religiosos seguiam no encalço de Jesus, sem a menor consideração, a fim de O surpreenderem em qualquer falta, e, para tanto, armavam-Lhe ciladas hediondas, sendo sempre desmascarados pelo Mestre, a Quem odiavam com todas as veras da emoção desordenada.

Pretendendo combater o helenismo que se espraiava por cidades como Cesareia, Tiberíades – que se aformosearam com o dinheiro enviado pelos judeus que residiam em Atenas, Antioquia, Alexandria, ambiciosos e sonhadores com a glória dos monumentos e construções que erigiam –, desumanizaram-se, perdendo o contato com a realidade de si mesmos e da Vida espiritual que pretendiam defender.

Herodes iniciara a helenização do seu país, e os fariseus desejavam destruí-la com métodos que iam da traição, da intriga ao homicídio, se o cressem necessário.

Na confluência dessa descabida luta, os mais exaltados erguiam a bandeira do fanatismo desmedido e perverso; eram os *zelotes*, sanguinários e indiferentes a tudo o mais, sempre dispostos a exigir o cumprimento do mínimo dispositivo da Lei Antiga.

Filhos espúrios do *farisaísmo*, os *zelotes* uniam-se aos fariseus na batalha sem limite da perseguição aos *gentios*, aos não hebreus, aos helenizantes, a todos aqueles que pretendiam desvirtuar a nação e confundir as leis, fossem reis arbitrários como Herodes ou procuradores, tais como Marcos Ambívio, Copônio, Ânio Rufo e outros, agora representados no abominável Pôncio Pilatos...

Junto deles, como seus olhos e ouvidos, os esbirros que os acolitavam e constituíam suas cortes, seus instrumentos de mando e de dominação contra os outros povos que transitavam com os seus cultos hediondos, primitivos, politeístas, todos eles dignos de ser massacrados...

Viviam entre o povo simples e os sacerdotes orgulhosos, vigiando-os, na condição infeliz de seus perseguidores inclementes.

Ao mesmo tempo, porque os impostos deveriam ser recolhidos para que César pudesse desfrutar do poder de imperador, conquistado nos campos de batalha onde pereceram através dos séculos recentes milhões de vidas, os *publicanos* eram combatidos com todas as forças e isolados do relacionamento social, no qual todas as portas se lhes fechavam com absoluto desdém.

Por sua vez, os *galileus* eram subestimados, em face dos muitos dialetos e crenças que se espalhavam nas suas terras, procedentes de outros povos que por ali passavam ou que se alojaram nos seus sítios verdejantes, provindos de outros lugares. Eram, normalmente, gentes simples e trabalhadoras da terra, pescadores, mercadores, sem destaque cultural, embora amassem ao Deus Único fielmente e procurassem seguir a Lei e a Tradição. Não se imiscuíam nas discussões filosóficas, que lhes não interessavam, nem nas disputas pelas posições de destaque político, religioso ou social. Viviam relativamente felizes, conforme as possibilidades que desfrutavam.

Muito próximos a eles, no caminho da Judeia, estavam os *samaritanos*, muito detestados em face da origem racial, quando foram vítimas dos assírios que, nas suas terras, fincaram resistência contra os judeus de Jerusalém, e se mesclaram com as mulheres, mandaram matar os homens mais velhos e as crianças, entregando os válidos ao cativeiro em suas pátrias distantes. Nunca perdoados por haverem sido *fruto da indecência e do pecado*, os *samaritanos* nem sequer podiam adorar no Templo o mesmo Deus, sendo repelidos, porque considerados *imundos*.

Era todo um caldeirão de fermento maligno que crescia sem controle no mundo subterrâneo do país e já explodia na convivência externa, divididos os seus membros e malvistos respectivamente.

Passando serenos nesse conflito de paixões desconcertantes, havia os *essênios*, estranhos habitantes das montanhas às margens do Mar Morto, que pregavam a abstinência aos vícios de qualquer natureza, a indulgência, o arrependimento, o jejum e a oração, os flagícios como forma de libertação dos desejos, a reencarnação como meio eficiente para a evolução do espírito. Eram humildes e mansos, sábios, pacíficos e pacificadores, nunca se envolvendo nas disputas de sabor farisaico ou político-religioso.

Nas diferenças existentes no povo hebreu havia também a presença dos *gentios*, que eram todos aqueles não judeus que vinham de regiões distantes e tentavam mesclar-se nessa sociedade díspar e confusa, tidos como inferiores, porque adoravam estátuas, alimentavam-se de carne proibida, nunca seguiam as prescrições da Lei a respeito do sábado, que desconsideravam, entregando-se à luxúria e à extravagância, como alguns deles também o faziam, e eram os seus carniceiros dominadores. Eles viviam em Tiro e Sídon, provinham do Egito e de outras regiões da Ásia com os seus dialetos e costumes odientos, os gregos de todos os matizes, os perversos romanos, abrangendo a imensa faixa de terra desde a *Síria até o Edon*.

Os governantes, que cuidavam dos interesses de César, somente interfeririam nas lutas que travavam os grupos quando elas ameaçavam a ordem social, e usavam de métodos tão cruéis como os próprios litigantes.

Nesse povo dividido e odiento não havia lugar para a presença do amor, nem oportunidade para os cânticos da misericórdia e da compaixão. Tudo eram implacabilidade e violência, ciúmes e intrigas, perseguições e desmandos.

Reis e governantes que por ali passaram, celebrizaram-se pelo saque, pela perversidade, pela sórdida indiferença aos interesses nacionais e aos do povo, pelos assassínios que atingiram seus palácios e os príncipes, o Sinédrio e o Templo... De Herodes a Arquelau, seu herdeiro, as atrocidades foram tamanhas e o rio de sangue tão volumoso, que o próprio César depôs o último, quando no trono, após a morte do hediondo genitor.

O servilismo, a bajulação e a vilania tinham presença garantida no mundo de então, e, particularmente, em Israel.

Não havia lugar para sentimentos humanos e somente águias, corvos, chacais e outras feras eram vivenciadas pelas criaturas, que lhes assumiam a conduta.

Foi nesse clima moral e nessa cultura perversa, nessa sociedade enferma e desapiedada que Jesus veio construir o Seu Reino. Natural que não houvesse lugar para Ele, como até o momento tem parecido não existir, tais as ambições que norteiam os destinos de muitas nações e de muitos governantes, das pessoas, suas especulações e seus interesses.

Com Ele, no entanto, nasceram uma nova humanidade, um conceito diferente de felicidade, uma forma especial de vida que se vão instalando e terminarão por dominar, qual uma estrela da manhã que começasse radiosa no céu em sombras – o período de João, o Batista –, mas cedesse lugar ao brilho do Sol, que era Ele, em triunfo durante o dia.

É impossível deter o processo de espiritualização da Humanidade, e Jesus é o seu pioneiro e condutor, que não cessa de agir.

A luz veio ao mundo, e o mundo procurou ignorá-la, mas, superando as dificuldades naturais, a luz se espraiou desde os confins da Terra, de um lado para outro.

9

O TESTEMUNHO EMOCIONADO[7]

A busca pela Revelação Divina constitui uma necessidade da criatura humana, que através dos milênios vem consultando profetas e rabis, hierofantes e *rishis*, pitons e médiuns, sempre tentando encontrar demonstrações cabais e insofismáveis da própria sobrevivência, assim como da *causalidade universal*.

Hábeis discutidores, os fariseus de todas as épocas, arremetem com violência contra as mais sólidas construções da verdade, nelas identificando brechas que, segundo eles, põem a perder a resistência e validade dos seus postulados.

Por um lado, a inveja exacerbada, fruto espúrio da inferioridade moral do indivíduo, trabalha contra os embaixadores do bem, e por outro, a acomodação ao imediatismo força situações vexatórias que poderiam significar falta de legitimidade em torno das afirmações espirituais.

A revolução interior é um desafio grave para o homem imaturo psicologicamente, que compreende a imperiosa necessidade de crescer, mas não tem a suficiente

---

[7] João, 3:22-36 (nota da autora espiritual).

coragem para deslindar-se das amarras ao aceito, ao conveniente, ao habitual...

Naqueles incomparáveis dias, enquanto ainda se ouvia o Batista proclamar chegada a hora, após haver recebido Jesus, a Quem banhara nas águas de Bethabara, no Jordão, os seus discípulos ficaram enciumados pelo que escutaram no diálogo formoso entre o preparador dos caminhos e o Viandante Divino.

Assim, surgiram controvérsias e discussões acaloradas em torno de quem era o maior, aquele que representava o Deus Vivo nos horizontes humanos.

Não faltavam motivos para tricas e confusões verbais, acirrados debates de inutilidade, quando uma questão mais palpitante se desenhou entre os seguidores de João e os judeus acerca da purificação pela água ou pelo fogo e quem era a pessoa credenciada para fazê-la.

Em Énon, próximo a Salim, o filho de Isabel continuava a pregar, convidando os ouvintes ao arrependimento e à penitência, posteriormente ao batismo purificador das faltas cometidas. As multidões sucediam-se, ansiosas, desejosas de purificação, mas não de transformação moral, da *morte do homem velho para que nascesse o homem novo*, conforme recomendado.

Foi então que os discípulos, inexperientes e enciumados, interrogaram o seu guia:

– Rabi, aquele que estava contigo além do Jordão, e do qual deste testemunho, ei-lo batizando, e todos vão ter com Ele?

O pioneiro alonga-se pelo pensamento até Àquele que deverá cingir a coroa de Messias, trabalhada em espinhos pontiagudos e segurar o cetro de majestade, em uma simbologia ridícula e mesquinha, percebendo que o seu ministério já se vai encerrando, como o dia festivo se apaga com a chegada da noite, para que, mais tarde, volte a brilhar e esplender o Sol...

Fazia tempo que ele aguardava o Anunciado.

Recordou-se de quando se despiu e vestiu-se com a pele de um animal, segurando o tosco cajado, saindo a proclamar os dias venturosos, em meio à desconfiança e à perversidade em toda parte. Evocou as austeridades a que se submeteu, a fim de captar o pensamento divino e adquirir autoridade para perdoar pecados, limpar impurezas morais, saciar a sede de esperança e nutrir com a paz que vem de Deus. Reviveu os primeiros momentos nas covas onde se escondem para o repouso os animais selvagens, que nunca lhe fizeram qualquer mal, e num caleidoscópio de bênçãos reviu todas as cenas do seu ministério que agora começaria a silenciar.

Retornando ao mundo objetivo, enquanto os discípulos aguardavam-lhe a resposta, ele disse em tom festivo:

– *O homem não pode receber coisa alguma se lhe não for dada do Céu. Vós mesmos sois testemunhas de que eu disse:* **não sou o Cristo, mas sou enviado diante d'Ele**.

Fez uma pausa suave, como dando oportunidade a que ficasse bem compreendida a sua resposta, e logo prosseguiu:

– *Aquele que tem a esposa é o esposo, mas o amigo do esposo que o assiste e ouve, alegra-se com a voz do esposo. Assim, pois, este meu prazer está cumprido.*

Jesus encontrava-se distante, nas terras da Judeia, e batizava, convocando os corações à purificação pelo crepitar das labaredas do arrependimento, de forma que não voltassem aos equívocos, nem se permitissem a degradação moral. O símbolo do batismo que Ele não mais aplicaria, era para que todos O pudessem identificar, conforme já o fizera João e fora anunciado pelos profetas que vieram antes...

Sucediam-se as curas, Ele dava testemunho de ser o Enviado, Aquele que poderia mudar o destino de Israel e de toda a Humanidade. No entanto, sabia que não seria fácil a tarefa hercúlea e incomum, que somente os tempos conseguiriam culminar o que então iniciava.

Estavam lançadas as primeiras pedras angulares do edifício do Reino de Deus, e isso era o que importava.

Do outro lado, aqueles que ouviram a resposta de João ficaram perplexos, quase hebetados. Não podiam ou não queriam compreender.

O Precursor, porém, não se deteve e prosseguiu nos comentários:

— *Ele deve crescer e eu diminuir. Aquele que vem do alto está acima de todos: o que é da Terra, pertence à Terra e fala da Terra. Aquele que vem do Céu dá testemunho do que viu e ouviu, mas ninguém recebe o seu testemunho. Quem recebe o seu testemunho certifica-se de que Deus é verdadeiro. Porque aquele a quem Deus enviou refere as palavras de Deus, pois Deus não lhe dá o Espírito por medida. O Pai ama o Filho e pôs todas as coisas nas Suas mãos.*

A voz do Batista se ergue como um canto forte e ele diz, emocionado:

— *Quem acredita no Filho tem a Vida eterna. Quem se recusa a crer no Filho não verá a Vida...*

A música altissonante cala-se na boca do profeta. Ele mergulha em profundo ensimesmamento. Recorda-se do encontro que tivera, fazia pouco, com Antipas, e não pôde deixar de perceber o olhar cruel de Herodíades, a concubina infeliz que o odiava, por saber que ele lhe condenava a conduta moral.

Penetrando nos dias do amanhã, viu desenhar-se na mente as sombrias construções da fortaleza de Maquero e compreendeu que estava chegando o seu momento de despedir-se do mundo, calar a sua voz, para que brilhasse a Grande Luz e fosse escutada a incomparável sinfonia.

...É necessário que Ele cresça e que eu diminua... Ele é como a palmeira verdejante, e eu sou como a relva crestada que será arrancada e posta no fogo. Ele é o relâmpago que risca os céus escuros da ignorância, e eu sou como a débil lamparina que se extingue por falta de óleo.

João iniciara o ministério e Jesus aprofundava-o, assinalando-o nas almas de maneira indelével.

Desde Jericó até Betânia, os bons e auspiciosos ventos da esperança carreiam as notícias do Esperado, que difere de todos quantos já passaram por ali. A Sua não é a preocupação com as coisas comuns e vulgares do dia a dia, a que os fariseus, doutores e escribas dão exagerada importância, porque dizem respeito ao exterior. As Suas são as questões profundas da alma, do ser em si mesmo, os valores eternos, e por isso Ele cuida da libertação do Espírito enjaulado nos prejuízos morais.

Os que não significam muito são os seus eleitos, para os quais Ele veio trazendo paz, e convidando-os ao incomum milagre da própria transformação.

A Terra, a partir daqueles dias, nunca mais será a mesma, assim como as criaturas agora dispõem de uma bússola e um mapa que lhes facilitarão a travessia pelo oceano tempestuoso das paixões.

10

SINFONIA DE FEITOS[8]

Arma de alto teor mortífero é a murmuração dos intrigantes. Ela não silencia, porque os seus autores se comprazem em malsinar todos quantos lhes são antipáticos, aversão essa que nasce da própria inferioridade por não os poder superar no palco infeliz das sórdidas competições.

Põem-se em vigília permanente e filtram todos os acontecimentos através das suas lentes sombreadas de perversidade. Dão início às redes de intrigas, são hábeis na arte de confundir e de alterar palavras, possuindo incomum capacidade para discutir vãmente, porque são preguiçosos para o trabalho, e não possuindo idealismo legítimo, aglomeram-se em torno dos verdadeiros combatentes, para serem vistos e aclamados, tornando-se-lhes rudes provações.

Nem mesmo Jesus escapou-lhes à sanha. Sempre estiveram à Sua volta, tentando espezinhá-lO, deturparem as Suas informações, colhê-lO em algum item que O lançasse contra a Lei e os doutores astutos.

---

[8]Mateus, 8:1 a 13; Lucas, 5:1 a 9 (nota da autora espiritual).

A seara é grande e os obreiros dispostos para trabalhá-la ainda são poucos. Ele terá que fazer tudo: encontrar o solo, prepará-lo, nele semear, cuidar no período da germinação para que as pragas não causem danos e seguir o crescimento das plântulas até que se robusteçam, tornando-se ricas de flores e doando frutos em abundância.

Os caminhos são longos e difíceis de ser vencidos. As multidões revezam-se e os tumultos não cessam.

Em menos de três anos Ele percorreu aqueles sítios áridos, passando pela Galileia várias vezes, de um a outro ponto; depois visitou a Jerusalém despótica por diversas ocasiões, especialmente para ver o lugar onde deveria ser executado; alongou os Seus passos pelas longínquas regiões de Tiro e Sídon, na fronteiriça Fenícia; nas barcas enfunadas, atravessou o lago de mais de dez quilômetros de largura e alcançou a Decápole, a Bataneia, conseguindo levar a voz e o exemplo à Cesareia de Filipe.

Nunca repousava. O tempo, que urgia, voava ao Seu lado, que o ultrapassava em atividades ininterruptas.

As batalhas são cruéis e as armas que usam os Seus inimigos gratuitos – os permanentes adversários da Humanidade –, são a traição e a infâmia, o suborno dos sentimentos e a mentira, que se espalham como rastilhos de pólvora e são do agrado de todos quantos as aceitam.

A Sua fama precede-O, e Ele não tem direito a pouso de paz nem a repouso de recuperação, senão nos grandes silêncios com Deus.

Estando em Caná, após o fenômeno da transformação da água em vinho, a pedido de Sua Mãe, um régulo O alcançou e, porque o filhinho estivesse vitimado por enfermidade mortal, em estado desesperador, suplicou-Lhe:

– *Senhor, desce o mais depressa possível, antes que meu filho morra.*

Penetrando o abismo da consciência humana com a Sua acuidade incomum, Ele percebe o amor desse pai angustiado e perscruta as razões da enfermidade do filho, a fim de não infringir a Lei de Causa e Efeito, e diz-lhe com misericórdia:

– *Vai. O teu filho vive.*

Uma explosão de júbilo dança na alma do genitor aflito que corre de retorno ao lar, para conferir a bênção de que foram objeto, ele e sua família.

☆

E porque seguisse na direção de Cafarnaum, à entrada da cidade um leproso em desespero reconhece-O e grita em pranto:

– *Se queres, podes limpar-me!*

É mais um desafio. Os que o seguem detêm-se observando. É sempre a mesma sociedade que quer ver sem cessar, até a exaustão, sempre insatisfeita e duvidosa.

Um sentimento de profunda misericórdia domina o Mestre, e Ele, tocando o enfermo, responde complacente:

– *Quero!*

Num átimo, como se um raio fendesse a claridade do dia alcançando o enfermo, curou-o.

Sem poder dominar-se, o homem canta e exalta-O, no que vai repreendido, silenciando, para prosseguir narrando o feito. Logo que se encontra distante do seu Autor.

☆

Cafarnaum estava esplende de luz e de movimentação.

A chegada do Rabi provocava alteração expressiva no seu lufa-lufa cotidiano. Embora Ele tentasse passar discreto, isso era impossível ali, como se daria em outros lugares.

Desse modo, como era Seu hábito, ao amanhecer, pôs-se a pregar para a multidão na proa do barco de Pedro.

Encerrando o discurso iluminativo, disse ao Filho de Jonas:

— *Faze-te ao largo e lança as redes.*

O hábil pescador, que conhecia profundamente o seu ofício e percebendo a impropriedade da proposta, redargui:

— *Senhor, havendo trabalhado toda a noite, não apanhamos um só peixe, porque as circunstâncias são adversas à pescaria, em face do aspecto das águas, às condições atmosféricas pesadas.*

Ele, porém, insiste:

— *Faze-te ao largo.*

Não há alternativa, senão obedecer. Entretanto, esclarece:

— *Sob Tua palavra, tentarei, Mestre, conquanto todos saibam que vou praticar um ato incompreensível a qualquer pescador.*

Pedro remou com desconfiança e rebeldia, e atirou as redes às águas encrespadas.

Imediatamente começou a gritar, solicitando auxílio aos amigos que se encontravam em outro barco e correram na sua direção, deslizando rapidamente sobre as ondas.

Reunidos, notaram o peso das redes, que mal podiam puxar, conseguindo repletar ambos os barcos com peixes.

Chegando à praia, ainda em aturdimento, Simão gritou, atemorizado:

— *Senhor, ausenta-Te de mim, que sou um pecador.*

Mas Ele, porém, misericordioso e sábio, elucidou:

— *Não temas, Simão; de agora em diante, serás pescador de homens!*

Agora, nada mais poderá deter a marcha da revolução. Ele não mais evitará que sejam anunciados os Seus feitos, nem comentadas as suas ações.

A luz veio para clarear o mundo em sombras. Era a Luz que resplandece através dos milênios e não O souberam aceitar. Mas a Luz permaneceu e ressurge sempre esbatendo as sombras interiores e anunciando o Grande e Maravilhoso Dia da felicidade geral.

Os déspotas, os perversos, os ignóbeis, os bajuladores e subservientes, os exploradores e aproveitadores do povo ignorante, os dominadores de um dia passaram, foram substituídos, odiados e esquecidos, enquanto Ele, perseguido e malsinado, obstinadamente rejeitado, prossegue chamando os homens e as mulheres à renovação.

A partir daqueles momentos, nunca mais permanecerá muito tempo em lugar algum, estará sempre mudando de caminho e de praias, aportando junto aos destroçados corações.

11

O MAIS IMPORTANTE[9]

O partido dos fariseus, desde o momento da helenização da cultura judaica, insurgiu-se de forma violenta contra os inovadores. A intolerância acirrava os ódios e, várias vezes, levantaram-se os mais exaltados, que foram vencidos em guerras cruentas quão sanguinárias.

Judas de Sarifeu ou Mateus de Margalot, vencidos pelos adversários, foram queimados vivos, acabando-se as ambições de predomínio das suas ideias apaixonadas.

De pequena monta aconteceram sedições periódicas, tentando reconquistar os espaços perdidos, sendo que ficara célebre pela tragédia a encabeçada por Gamala que, às margens do Tiberíades, desfraldava a bandeira que tinha como lábaro: *A liberdade vale mais do que a vida*.

O farisaísmo pretendia restabelecer a pureza e a prática exagerada da Lei, vivendo de forma subterrânea, que não fosse detestado pelos governantes, exigindo, porém, subserviência e entrega total ao prescrito, mesmo que de forma hipócrita, na qual a aparência fazia-se mais importante do que a realidade.

---

[9]Lucas, 6:6 a 11 (nota da autora espiritual).

Exigia o cumprimento dos mínimos comportamentos estabelecidos, desde o número de passos que se podia dar em um sábado, até o tamanho e o peso de qualquer volume a ser conduzido, a forma de preservar a água para as abluções, os alimentos e o vestuário, imprimindo a marca odienta da fiscalização contra os erros alheios, cerrando os olhos às próprias indignidades que se permitiam os seus membros.

Implacável, encontrava-se por toda parte, como praga destruidora em seara de esperanças, espalhado desde as mais remotas aldeias da Judeia até às longínquas paragens da Galileia.

A ambição da governança não lhe era desprezada, tudo fazendo para conseguir atemorizar aqueles que se lhes opunham, urdindo intrigas vis e espalhando mentiras ardilosas quão infames.

Jesus não se pôde furtar à sua presença peçonhenta, e onde se anunciava, lá se encontravam os esbirros sofistas do partido infame.

Os céus resplandecem ante as claridades abençoadas da primavera, e Jesus transita pelas paisagens luminosas da Galileia, descendo pela estrada que vem de Naim, mergulhando nos campos dourados de trigo em fogo.

Os discípulos seguem-nO.

É um sábado, e a marcha se fará extensa. Deverão chegar ao lago onde a multidão os aguarda.

O próprio Mestre exulta. Uma alegria infinita domina-O e Ele sente que o Reino se espraiará como os grãos daquela seara que somente após triturados alimentam e dão vida. Então, será necessário que Ele também experimente o martírio, sejam triturados os Seus ossos, para que o

Seu sangue prepare com as carnes amassadas, o pão de luz que sustentará a Humanidade por todos os dias do futuro.

A Natureza em festa prepara-se para se transformar na pauta musical em que Ele cantará a Sinfonia do eterno amor.

Ao cair da tarde, chegam a Cafarnaum e seguem diretamente para a casa de Simão Pedro.

Os comentários antecederam-nos e alguns murmúrios chegaram aos ouvidos dos fariseus: – *Tanto Jesus como os Seus comeram alguns grãos de trigo na viagem, dominados pela fome, e isto era proibido no dia de sábado: colher e alimentar-se.*

Os covardes, porém, sem maiores argumentos silenciaram e aguardaram.

Uma semana depois, no próximo sábado, ei-lO na sinagoga em Cafarnaum, onde deverá falar.

O Seu verbo se ergue e as interpretações das Escrituras passam a ter diferenciada musicalidade – são os anúncios do Reino de Deus.

Estimulado por algum malicioso, que desejava provocar um escândalo e surpreender o Rabi em desrespeito para com a Lei, alguém sugere a um enfermo que tem uma das mãos mirrada, para que lhe peça a bênção da cura, o que era proibido atender-se naquele dia.

Seria grave ofensa à Lei, em plena sinagoga, no dia da proibição, reservado ao repouso, atrever-se a operar, diante dos representantes dos sacerdotes e deles mesmos, dos funcionários, do povo e dos próprios réprobos, que eram os fariseus, o *milagre* solicitado, mesmo que sob a ajuda de Deus.

Percebendo toda a trama que se exteriorizava dos escusos abismos do caráter venal dos Seus inimigos, o Mestre, sentindo-se desafiado, e já disposto a enfrentar a tempestade política, antegozando o sacrifício a que se iria submeter, propôs ao enfermo:

– *Levanta-te, e fica de pé no meio da sala.*

O enfermo, que não se dera conta da ocorrência maldosa, pôs-se de pé, aturdido, e o Mestre, sereno e nobre, voltou-se para a massa, que acompanhava o desenrolar do acontecimento, e interrogou:

– *Quero que me respondais a uma pergunta. É lícito, nos sábados, fazer bem ou fazer mal? Salvar a vida ou matar?*

Houve uma perturbação geral, em forma de perplexidade ou receio. Os inimigos compreenderam aonde Ele desejava chegar. Pusilânimes, possuíam mente ágil e sabiam antecipar ocorrências, porquanto era essa a sua habilidade maior para confundir os opositores. Não tendo alternativa, porém, silenciaram.

O Mestre prosseguiu, impertérrito:

– *Estende a tua mão!*

Os olhos tranquilos do Senhor irradiaram estranha claridade. Ele distendeu a mão generosa na direção do doente e, enquanto este tremia, tinha-se a impressão de que a massa de carne, ossos, vasos e veias movimentava-se dentro de um molde, de uma forma invisível, e recuperava a normalidade.

O espanto tomou conta de todos, e o deficiente pôs-se a gritar. Havia recuperado a mão enferma, que movimentava, saudável, ágil.

Ante o silêncio que se fez natural, espontâneo, surpreendente, o Rabi concluiu, impondo respeito aos inimigos:

– *O sábado foi feito por causa do homem, e não o homem por causa do sábado.*

Sem conceder-lhes qualquer outra oportunidade, deu-lhes as costas e saiu.

Será sempre assim que Ele agirá. A criatura é maior do que as circunstâncias; o Bem prevalece sempre, e, porque vem de Deus, é expressão do Pai. As aparências e superficialidades do pensamento humano, suas paixões e apetites desenfreados cedem lugar ao que é legítimo e transcendente, que é a vida em si mesma.

As leis terrenas foram elaboradas para coibir o abuso, o desrespeito aos direitos dos outros, a exaltação dos instintos servis, a inferioridade, nunca para se transformarem em uma adaga ameaçadora, oscilante no alto, em débil fio, prestes a cair e a decepar a cabeça de qualquer criatura inadvertida.

Mesmo o Estado tem os seus limites sobre a vida e toda vez que os extrapola perde o respeito por si mesmo, e os seus administradores se transformam em títeres, em verdugos soberbos, em aves de rapina que triunfam sobre os cadáveres nos quais se banqueteiam.

Jesus cresce como o *dia* que avança saindo da *noite*.

Os seus inimigos se multiplicam, dominados pela inveja, pela própria inferioridade, pela morbidez das suas mesquinharias.

Todos os homens e mulheres de bem, idealistas, voltados para as causas enobrecedoras da Humanidade os sofrerão. Eles permanecem na Terra como obstáculos ao progresso. Incapazes de amar, de servir e de tornar-se modelos, odeiam a todos aqueles que o são. Levantam-se sempre para anatematizar, discutir, apontar erros.

Jesus nunca lhes deu importância. O mesmo devem fazer aqueles que estejam iluminados pelos convites do Evangelho e da Vida.

12

O REINO TRANSITÓRIO E O PERMANENTE[10]

As notícias voavam céleres de bocas a ouvidos ansiosos, informando os acontecimentos que tinham lugar por toda a Galileia.

Os viajantes, que atravessavam o Jordão na direção do Oriente, levavam as informações do que estava sucedendo naquela região.

Ainda não havia sido silenciada a voz do *Batista*, e o Seu encanto atraía outras multidões esfaimadas de amor e de esperança, que Ele nutria com ternura como dantes jamais se vira igual.

Era Profeta, porém se situava acima dos profetas do passado; ensinava o amor, no entanto vivia-o em clima de harmonia; referia-se a Deus com respeito, entretanto comungava com Ele em doce convívio.

Jesus era o Messias esperado, que começara na humilde Galileia, onde os corações eram mais afetuosos e os afazeres mais cansativos: a pesca, o pastoreio, a agricultura... sem espaços mentais para as celeumas intermináveis em torno da Lei, a respeito da governança ignóbil disputa-

---

[10]Lucas, 12:1 a 21 (nota da autora espiritual).

da pelo romano desdenhoso e pelo Sinédrio arbitrário, todos, porém, esmagando o povo, de que se utilizavam para explorar e afligir...

Aquela região, fresca e romanesca, tinha o seu espelho líquido, onde o Sol diariamente se banhava entre os perfumes que se evolavam dos rosais silvestres misturados com as madressilvas miúdas que enxameavam na relva verdejante.

Oliveiras antigas desenhavam arabescos variados nos troncos retorcidos, enquanto as ondas se arrebentavam incessantemente entre seixos e conchas espalhados sobre a areia de tonalidade creme.

À orla do Lago de Genesaré, também conhecido como mar da Galileia, as aldeias, habitadas por gentes simples, multiplicavam-se entre as cidades de maior porte como Magdala, Dalmanuta, Cafarnaum... À noite, quando as lâmpadas de barro vermelho acendiam suas luzes, o poema da Natureza se apresentava em tonalidades bruxuleantes e festivas contrastando com as estrelas alvinitentes que fulgiam no zimbório escuro e cheio de mistérios...

Naquelas regiões, entre as vozes humanas e as onomatopeias, o Cantor entoava o Seu hino à vida em poemas de inefável amor que arrebatava, enquanto Suas mãos cariciosas limpavam as rudes penas que explodiam em pústulas virulentas, que afligiam os infelizes que d'Ele se acercavam. O Seu querer alterava os acontecimentos e os fenômenos da misericórdia de Deus se tornavam realidade, produzindo júbilo e encantamento.

Os anciãos, por quase todos desdenhados, sentiam-se apoiados no cajado da Sua palavra vigorosa; as crianças, bulhentas e pouco compreendidas, silenciavam enquanto eram atraídas pela luz dos Seus olhos, e os Espíritos perversos fugiam da Sua presença.

Mesmo aqueles que se haviam tornado Seus adversários, movidos pela inveja doentia e pela perversidade em que se compraziam, ao enfrentarem-nO, receavam o Seu poder, ante o qual se sentiam amesquinhados.

E Ele falava a respeito do Reino dos Céus em uma dimensão a que não estavam acostumados aqueles que O buscavam.

Não obstante, as criaturas humanas, afligidas pelas próprias infinitas necessidades, pensavam exclusivamente nas questiúnculas do dia a dia, nos problemas da sobrevivência física e do conjunto social.

Faltava-lhes amplitude mental e largueza de visão para penetrar nas propostas libertadoras que a Boa-nova trazia-lhes.

Ele, no entanto, não se incomodava, ensinando sem cessar.

Naquela oportunidade, a multidão fizera-se superior a qualquer expectativa, de tal forma que, reunida em alguns milhares, estavam *a ponto de se pisarem uns aos outros*, quando Ele começou a ensinar, despertando para as realidades profundas do ser espiritual.

— *Acautelai-vos do fermento dos fariseus, que é a hipocrisia. Nada há encoberto que não venha a descobrir-se, nem oculto que não venha a conhecer-se.*

Havia na voz enérgica uma ressonância de advertência a respeito da conduta que se devia manter. A hipocrisia é morbo da alma que contamina e deixa sequelas devastadoras por onde passa, e se tornara característica predominante no comportamento dos fariseus, que se perdiam em discussões estéreis em proveito próprio, sem nenhuma consideração por quem quer que seja.

Todos os comportamentos hediondos, mesmo aqueles que ficam desconhecidos e são mascarados pelos processos perversos do poder transitório dos homens, tornam-se conhecidos e malsinam aqueles mesmos que se lhes entregaram. A vida é uma canção de luz, sempre renovadora e rica de realidades.

Prosseguindo, acentuou com a mesma energia:

— *Por isso, tudo quanto tiverdes falado nas trevas ouvir-se-á em plena luz, e o que tiverdes dito ao ouvido em lugares retirados será proclamado sobre os telhados. Digo-vos: Meus amigos! Não temais aqueles que matam o corpo e, depois, nada mais podem fazer. Vou mostrar-vos a quem deveis temer: temei Àquele que, depois de matar, tem o poder de lançar na Geena. Sim, eu vo-lo digo, a esse é que deveis temer.*

O relacionamento humano e social exige lealdade de uns indivíduos para com os outros, de respeito pelo comportamento de cada qual, buscando-se sempre a própria melhor conduta e a imensa tolerância para com as defecções do próximo, porquanto aquele que erra fica assinalado em si mesmo com a sua aflição, não necessitando de maior carga de punição.

Por isso mesmo, a maledicência, a calúnia, a informação malsã não têm lugar na convivência saudável, naquela que é inspirada pelo Evangelho, porquanto tudo se torna conhecido e desvelado.

Nesse sentido, a divulgação da verdade não pode ser prejudicada pelos temores injustificados em torno das ocorrências punitivas aplicadas pelos homens, que são transitórios e não vão além das fronteiras do corpo. No entanto, Aquele que é o Poder e que acompanha o ser após o seu decesso celular, este sim, merece respeito e consideração, porquanto é Quem julga as condutas, encaminhando os infratores para as regiões de sombras e sofrimentos.

❖

No silêncio que se fez natural, Ele se proclamou Filho de Deus, exigindo fidelidade a quantos desejassem segui-lO, declarando a sua convicção na Mensagem e a sua entrega total ao novo padrão de vida.

Definiu os rumos do futuro e as vicissitudes que aguardam os idealistas e semeadores da esperança nos solos castigados pela canícula das paixões selvagens e perversas.

Também os animou com a promessa de que sempre e em qualquer situação os Espíritos sublimes inspirariam aos Seus seguidores, jamais os deixando a sós e sempre oferecendo-lhes os recursos da sabedoria e da paz.

Pairava no ar uma dúlcida consolação que pulsava nos sentimentos emocionados.

Não obstante, alguém, rompendo o silêncio natural, gritou:

– *Mestre, diz a meu irmão que reparta comigo a herança!*

Não poderia ser mais inusitada e absurda a solicitação, destituída de conteúdo nobre, porquanto as propostas diziam respeito a outro Reino, distante do mundo fugaz, e a criatura encontrava-se encurralada no interesse mesquinho e imediato do poder e do prazer.

Conhecedor da alma humana e do labirinto pelo qual transita, o Mestre respondeu sem perturbar-se:

– *Homem, quem me constitui juiz ou repartidor entre vós? Olhai, guardai-vos de toda a cobiça, porque mesmo que um homem viva na abundância, a sua vida não depende dos seus bens.*

Silenciou por um pouco e narrou, comovido, uma incomparável parábola:

– *Havia um homem rico, cujas terras lhe deram uma grande colheita. E pôs-se a discorrer, dizendo consigo: "Que hei de fazer, pois não tenho onde guardar a minha colheita?". Depois continuou: "Já sei o que vou fazer; deitarei abaixo os meus celeiros, construirei uns maiores e guardarei lá o meu trigo e todos os meus bens. Depois, direi à minha alma: – Alma, tens muitos bens em depósito para muitos anos; descansa, come, bebe e regala-te". Deus, porém, disse-lhe: "– Insensato! Nesta mesma noite pedir-te-ei a alma: e o que acumulaste para quem será?". Assim acontecerá ao que entesoura para si e não é rico em relação a Deus.*

Um sentido exclusivo tem a existência humana: a preparação para a sua imortalidade espiritual. Todos quantos transitam no carro físico, deixam-no e seguem com os valores amealhados emocionalmente, sejam quais forem.

A Vida estua além da dimensão do corpo carnal, exuberante e luminosa, aguardando todos que a enfrentarão.

Amealhar para as necessidades humanas constitui um dever, porém, repartir e multiplicar através da divisão em favor dos outros que padecem carência é tornar-se rico de plenitude e de recursos que nunca se consomem, porque de sabor eterno.

Jesus não é juiz iníquo, nem severo julgador para impor aos outros o que devem fazer, e a programação das leis já estabeleceu o que é indispensável a uma existência harmônica.

É o Embaixador de Deus, que veio despertar a consciência humana para a sua realidade imortal.

Ainda por muitos anos Ele será buscado para solucionar pendengas e paixões, atender a caprichos e resolver problemas, que são necessários para o crescimento individual do ser como da coletividade na qual se encontra. Não obstante, a Sua mensagem pairará soberana acima das dissidências e dos caprichos de criaturas e grupos, seitas e doutrinas, trabalhando pela fraternidade legítima e pela união de todas as pessoas que anelam pela felicidade total.

Mesmo desfigurados Seus ensinos, rejeitadas Suas lições, subestimados Seus conceitos pela presunção de alguns, Ele permanecerá como o grande divisor dos tempos, aguardando e inspirando.

13

Ministério desafiador[11]

Somente um processo histórico com todas as suas implicâncias resulta em instalação profunda na consciência humana de uma Doutrina transformadora como a de Jesus.

Antes d'Ele, haviam passado pela Terra homens incomuns, estabelecendo diretrizes e propondo comportamentos revolucionários em relação aos hábitos e condutas vigentes então. Sofreram apodos, perseguições sem conto, desaparecendo uns na voragem dos preconceitos mórbidos e outros sucumbindo ao peso das ideias que sustentaram. Raros conseguiram implantar as bases do pensamento dignificante, capaz de alterar a linha de atividades dos seres, direcionando-a para novas experiências iluminativas.

Todos, sem dúvida, foram pioneiros audaciosos que se ofereceram para preparar o advento do Evangelho com o seu conteúdo libertador de paixões e de lutas criminosas.

Em chegando o momento da presença física de Jesus na Terra, era natural que se levantassem barreiras de aparente intransponibilidade, muito do agrado dos que se es-

---

[11]Mateus, 10:34 e 35 (nota da autora espiritual).

falfavam nos gozos e amesquinhavam os ideais da Humanidade com o seu poder transitório, desfilando nos carros soberbos da ignorância e da ilusão.

Exemplo máximo da imortalidade, Jesus veio e os enfrentou, porém sabia das dificuldades que seriam experimentadas pelos pósteros que Lhe desejassem ser fiéis, levando adiante os postulados por Ele preconizados e vividos.

Bailavam nas mentes e nos corações dos discípulos convidados para o apostolado da Boa-nova as melodias das palavras com que Ele emoldurara a convocação.

Zéfiros perpassavam pela Natureza, enquanto Sua voz altissonante permanecia repetindo as advertências, a fim de que não se iludissem, nem se permitissem sonhar com facilidades, que nunca se apresentam diante dos desafios transformadores dos costumes e das paixões amesquinhantes.

Dias de tumultos e de sofrimentos, aqueles eram também os que precediam à Era do Amor, que não seria implantada senão através de sacrifícios e martírios.

Os homens estavam acostumados ao engodo da bajulação e da hipocrisia, ao jogo perverso dos interesses lucrativos, mesmo que em prejuízo da dignidade e do bem.

Naquela oportunidade, o Mestre os havia preparado para o combate incessante que deveriam travar, a princípio no mundo íntimo, adquirindo forças para novos cometimentos, aqueles que teriam lugar nos enfrentamentos com as demais criaturas, especialmente os fariseus de todas as épocas, que se comprazem em viver às expensas do labor alheio, discutidores inveterados, por cujo ardil enganam e exploram os inadvertidos.

Sem dúvida, fazia-se mister predispor-se à renúncia aos bens terrenos, aqueles que enferrujam, que são transferidos de mãos e causam perturbação.

O indispensável seria a harmonia interior, vinculada à irrestrita confiança em Deus, porquanto, no momento da eleição daquilo que deveriam preferir, nenhum apego os vinculasse aos haveres transitórios, que são acumulados e logo se tornam peso insuportável sobre os ombros frágeis das criaturas que perecem na sombra do corpo para ressurgirem na luz inapagável da imortalidade.

Ninguém pode ambicionar o Reino de Deus disputando os valores terrestres que acumula com avidez insaciável, nem consegue harmonizar-se no ideal da fraternidade, se não realiza o equilíbrio interior para vitalizar os ideais soberanos da vida.

Somente quem se afeiçoa ao verdadeiro bem é capaz de transpor os obstáculos colocados pelo egoísmo, sentindo a lídima solidariedade apossar-se dos sentimentos e espraiar-se como aroma de esperança em favor de todos.

A vivência evangélica, pois, é uma incursão aos domínios do *deus interno*, de onde se emerge no rumo glorioso de Deus.

É natural que as criaturas, mergulhadas no corpo denso, sonhem e busquem o prazer, a alegria que resulta da posse, da comunhão afetiva. No entanto, viver em função de tais anelos é arriscado empreendimento que dificulta o despertamento para as realidades mais significativas da vida real.

Enquanto se permanece em estado de infância moral, as coisas se apresentam como de fundamental importância, perdendo o significado vagarosamente, à medida que se adquire maturidade psicológica, evolução espiritual.

Conhecendo em profundidade os Espíritos que houvera convidado para o ministério, Jesus esclareceu-os, dizendo:

– *Não penseis que vim trazer a paz à Terra; não vim trazer a paz, mas a espada. Porque vim separar o filho do pai, a filha da sua mãe e a nora da sogra, de tal modo que os inimigos do homem serão os seus familiares.*

Naqueles rostos curtidos de Sol e naqueles corações ingênuos o desafio soara como um estranho vaticínio de guerra sangrenta, de batalhas dilaceradoras, de combates insistentes contra os familiares e todos com quem convivessem.

No entanto, fitando o Mestre que os envolvia em dúlcidas vibrações de ternura, compreenderam que a Mensagem iria separá-los dos afetos mais queridos, gerando dificuldades nos relacionamentos, porque seria necessário investir no futuro do Espírito, mesmo que a prejuízo das alegrias do presente.

Quem, no lar, poderia compreender a doação de alguém da família com maior intensidade a Deus do que ao clã? Qual o afeto que estaria disposto a repartir a ternura que devotasse a outrem, ante um competidor que exigisse entrega total? Seria crível ser aceito aquele que renunciasse ao poder terrestre, perseguindo o gáudio metafísico da Espiritualidade?

A proposta de Jesus realmente era como o fio de espada que separa, nunca para destruir, porém para voltar a unir mais tarde.

Naquele momento, e por muito tempo, não poderiam caminhar dois interesses tão antagônicos como os prazeres que exaurem os sentimentos e aqueles que desgastam o corpo e as paixões convencionais para a vivência da plenitude.

Seria, sem dúvida, uma opção terrível aquela que eles, os convidados, deveriam fazer: prosseguir como até então ou altear os ideais até às cumeadas da conquista de Deus.

Os homens e as mulheres do mundo estão acostumados às respostas imediatas dos investimentos emocionais e físicos, de tudo quanto redunde em projeção e poder, da exaltação das vaidades e do domínio da força, destacando-se aqueles que lhes constituem a família.

A nova ordem se inspirava em uma família universal, em sentimentos de solidariedade, em atitudes de pacificação.

Num mundo de combates armados e ferozes, estão excluídos os pacificadores e os geradores de esperança, porque eles dificultam o processo guerreiro de predominância dos temerários combatentes.

Mas estes – pacificadores e geradores de esperança – são perenemente os construtores da sociedade feliz, os alicerces das edificações nobres do Espírito, sem os quais a vida volveria ao primarismo do começo.

Ainda hoje, embora sem as excruciantes dores dos testemunhos que assinalaram os mártires da fé, no começo do Cristianismo, permanecem as palavras de Jesus como espada que separa as ligações enganosas do conúbio carnal, trabalhando os sentimentos humanos, para que entendam a necessidade de integração nos postulados de sabor eterno.

As aragens dos Seus ensinos permanecem diminuindo a ardência das canículas dos desequilíbrios e das suas consequências na sociedade atormentada e inquieta destes dias insanos.

Amar em profundidade, saber selecionar os interesses que devem e merecem maior soma de atenção, entregar-se à renovação íntima, a fim de suportar os testemunhos que se derivam das incompreensões geradas no círculo das mais caras afeições, eis o início do ministério desafiador a que Jesus nos entregou a todos.

Suas palavras permanecem ecoando e o mundo não as tem ouvido, resultando na hediondez e no crime, na desenfreada correria por nada e na autoentrega aos estados de depressão e de dor nos quais grandes grupos da sociedade hodierna se consomem.

14

A IMPORTÂNCIA DE SER PEQUENO[12]

Sopravam os ventos quentes do dia em febre.
Cafarnaum regurgitava. Galileus e estrangeiros de várias procedências acotovelavam-se pelas ruas calçadas com pedras irregulares em azáfama ininterrupta, e as mesas dos cambistas estavam cobertas de moedas de diferentes povos que ali as comercializavam com estridentes gritos e imprecações.

A quadra do verão trazia levas de viajantes que atravessavam o Jordão conduzindo suas mercadorias valiosas, quais tecidos de veludo, sedas, tapetes, vasos de cerâmica, alimentos e especiarias diversas, que eram vendidos ou trocados pelos produtos locais, como trigo, peixes defumados, azeite, vinho capitoso...

Considerada uma das mais importantes cidades da orla do lago de Tiberíades, derramava-se, exuberante no seu tom verde dos pomares ricos de frutos, na direção do mar gentil, do qual recebia os ventos amenos do entardecer, que lhe diminuíam o calor asfixiante, que predominava noutras regiões na mesma época.

---

[12]Lucas, 9:46 (nota da autora espiritual).

Célebre, também, em razão da sua sinagoga – que constituía verdadeiro orgulho, em face da sua construção grandiosa para os padrões locais, traçada em linhas nobres e colunas decoradas –, pois a religião era tida em alta conta, enquanto os sacerdotes e fariseus mancomunavam-se contra o poder temporal, que detestavam, exercido pela águia romana, presente em toda parte graças aos espiões intrigantes e hábeis caluniadores que viviam em rudes pelejas.

Discutia-se por mesquinhezas e exigia-se o cumprimento rígido das mínimas imposições da Lei, que lhes constituía a diretriz para todos os atos da existência física.

Colocando-se acima dos menos cultos, que eram explorados sem piedade, esses religiosos implacáveis disputavam-se a hegemonia do poder, trafegando influência junto ao administrador da cidade, que, embora odiado, representava a aspiração máxima de muitos desses pigmeus morais de todos os tempos.

A infâmia e a urdidura do mal viviam de mãos dadas em toda parte, e Cafarnaum não constituía exceção; pelo contrário, diante da sinagoga ou nas esquinas das praças, para onde confluíam as multidões, sempre se debatiam venalidades e acusações suspeitosas contra alguém.

Cada época da Humanidade apresenta as suas próprias exulcerações morais e políticas, sociais e econômicas.

Os pobres, esses que nunca têm voz, viviam apavorados ou se submetiam às circunstâncias esdrúxulas, a fim de sobreviverem entre aqueles que se entredevoravam...

É nesse contexto histórico, rico de crueldade e primarismo, que se situa Jesus, e no qual esplende a Sua mensagem de amor e de justiça.

Nesse clima de sordidez e animosidades contínuas, a Sua palavra se alcandora e se ergue, convidando todos à renovação e ao trabalho gigantesco em favor da construção de uma Era Nova de solidariedade e de paz.

É claro que não havia lugar para Ele nem para o Seu verbo.

Visto com desconfiança, identificado como revolucionário e perturbador do que equivocadamente denominavam como ordem, era acompanhado nos Seus movimentos e palavras, normalmente adulteradas em favor dos interesses hediondos em que laboravam os inimigos do bem geral.

☆

— *Que vínheis discutindo pelo caminho?* — indagou, sereno, Jesus aos amigos, que chegaram esfogueados e suarentos à casa de Simão, filho de Jonas, o pescador, onde os aguardava.

Tomados de surpresa, os discípulos aturdidos entreolharam-se, sem coragem de responder.

Eles conviviam com o Mestre, mas não O conheciam; partilhavam das Suas ideias, porém não haviam penetrado na Sua profunda lição; ouviam, deslumbrados, os anúncios do *Reino de Deus*, e permitiam-se anelar pelos triunfos humanos.

Homens simples e toscos, comportavam-se, às vezes, como crianças desatentas em relação aos deveres, entregando-se a contendas inúteis e pelejas rudes por questões irrisórias...

Assim, sempre eram admoestados carinhosamente, mas com energia pelo Amigo, que lhes trabalhava o amadurecimento espiritual.

A jornada, que ali encerravam, havia sido traçada com segurança, significando-lhes o primeiro desafio a enfrentar, como preparação para os dias porvindouros.

O Mestre aguardava-os com a habitual generosidade, feita de misericórdia e de compaixão.

Amava-os com dúlcida ternura. Entregara-se-lhes com dedicação total, embora sabendo das suas dubiedades e dificuldades interiores. Por isso, convocara-os para o ministério, reconhecendo-lhes todos os problemas emocionais e debilidades morais. Alguns eram Espíritos nobres, que se emboscaram no corpo, que lhes amortecia a elevação, a fim de O seguirem, espalhando a Notícia...

As suas inexperiências facultavam aprendizagem mais segura para os testemunhos do futuro. Por tal razão, tateavam nas sombras dos labirintos da insegurança até encontrarem o caminho que iriam percorrer com invulgar grandeza de alma.

Não, porém, naqueles momentos iniciais.

Arrancados das fainas simples e repetitivas do cotidiano monótono, a súbita mudança não conseguiu alçá-los de imediato à altura correspondente.

Esse resultado se faria, somente, a pouco e pouco.

É sempre assim que se dá o amadurecimento moral, que faz do pigmeu um gigante e do ser simples, que a fornalha do sofrimento modela, um verdadeiro herói.

Aquele era o material humano disponível para a construção da Era do Espírito Imortal e se tornava necessário trabalhá-lo com carinho e firmeza.

A pergunta permaneceu no ar, sem resposta.

A princípio, sentiram-se constrangidos, embaraçados. Deram-se conta da pouca importância da questão do debate, mas constatavam novamente o poder de penetração do Mestre no insondável dos seus pensamentos e atos.

Por fim, vencendo o conflito, sem agastamento, responderam alguns:

— *Vínhamos discutindo em torno de quem de nós era o maior, o mais amado, o de importância mais significativa.*

Todos reconhecemos que João é distinguido pelo vosso amor; Pedro é merecedor da mais expressiva confiança; Judas guarda as moedas e se encarrega do controle das nossas modestas finanças... E os demais? Que somos e que papel desempenhamos no grupo?

Afinal, qual de nós é o maior?

Certamente se sentiam contristados pela disputa, mas como houve-a, era justo serem honestos, libertando-se das dúvidas.

Jesus envolveu-os na luz da compaixão, e com a sabedoria habitual, respondeu-lhes:

— *O grão de mostarda, menor e mais insignificante que qualquer outra semente, reverdece com o mesmo tom o solo abençoado pelo trigo vigoroso. A bolota do carvalho desenvolve a árvore grandiosa que nela jaz, assim como o pólen quase invisível de todas as flores encarrega-se de transmitir beleza e perpetuar a espécie em outras plantas... Todos são importantes na paisagem terrestre.*

O grão de areia anula-se ante outro para construir a praia imensa que recebe o carinhoso movimento das ondas arrebentando-se no seu leito reluzente.

Tudo é importante diante de meu Pai, não pela grandeza, mas pelo significado de que cada coisa reveste-se para a utilidade da vida.

Entre os homens, o maior é sempre aquele que se esquece de si mesmo, tornando-se o melhor servidor, aquele que não se cansa de ajudar, que se encontra sempre disposto para cooperar e servir sem outra preocupação, qual não seja a de be-

neficiar... Quem se apaga para que outro brilhe, torna-se-lhe o combustível, sem o qual a luminosidade desaparece.

Há uma grande importância em ser pequeno, graças a cuja contribuição apresenta-se o conjunto grandioso.

Fez um oportuno silêncio, a fim de ensejar aos amigos maior reflexão para que nunca mais se esquecessem do enunciado, e prosseguiu:

– Aquele que, dentre vós, desejar ser o maior, o mais importante, o mais amado, torne-se o melhor servidor, o mais atento amigo, sempre vigilante para ajudar e desculpar, porque esse, sim, fará falta, será notado quando ausente, tornar-se-á alicerce para a construção do edifício do Bem.

No silêncio que se fez natural, os viajantes dispersaram-se pelas diversas peças da casa de Simão, enquanto lá fora, o Sol de verão dardejava os seus raios de fogo sobre a terra que se abrasava.

15

Jesus, o libertador da mulher

Nos Seus passos e ministério sempre estavam presentes mulheres abnegadas, que constituíam apoio e nobreza, caracterizando a singularidade superior dos Seus ensinamentos.

Subjugadas pela tradição e relegadas a plano secundário, as mulheres eram objeto de desdém dos homens, que apenas as utilizavam para a reprodução e o abuso.

Sem direitos religiosos, nem qualquer tipo de participação no culto, as doutrinas dominantes tinham-nas em condição subserviente desde as remotas anotações do Pentateuco e das profecias.

Jesus, o Grande Libertador, jamais as discriminou, ensejando-lhes o engrandecimento moral e renovando-lhes os sentimentos ultrajados.

Em todas as situações enobreceu-as, gerando cizânia entre aqueles que já se Lhe constituíam adversários.

Emulando-as à permanência nos deveres domésticos, convocava-as à construção do mundo novo do futuro, por serem as primeiras educadoras, responsáveis pelos alicerces do porvir na intimidade dos lares.

Quando se Lhe acercavam, portadoras de enfermidades de vária ordem, ou perturbadas pelos Espíritos inferiores, libertava-as com imenso carinho, conclamando-as à perseverança nos propósitos superiores, maneira eficaz de se manterem indenes às influências perniciosas das forças do mal e da perversão.

Utilizadas sem a menor consideração pela sua feminilidade, quando surpreendidas em erro, sempre eram acusadas e punidas, mas nunca sucedia o mesmo com aqueles que as induziram ao delito ou as obrigaram à condição servil.

O preconceito contra as mulheres fizera-se abominável, hediondo.

Sempre há referências à adúltera, à obsidiada e pervertida de Magdala, no entanto, há um silêncio total sobre os adúlteros, os obsidiados que buscavam a enferma vendedora de ilusões.

Jesus, que penetrava o ádito dos sentimentos, levantou a Sua voz e ofereceu a Sua compreensão às maiores vítimas dos erros, no caso, as mulheres infelizes, às quais orientou, procurando libertá-las do jugo subalterno a que se submetiam.

Não era, pois, de causar surpresa que as mulheres O seguissem, que oferecessem recursos em favor do ministério espiritual e fraternal que Ele inaugurara, agradecidas e comovidas ante o Seu Amor.

Como consequência, a Ele se devem os primeiros gestos em favor da libertação feminina dos grilhões a que foram submetidas através dos milênios

...E foram as mulheres que não temeram as circunstâncias inditosas da *via dolorosa*, seguindo-O, compungidas, e ficando ao Seu e ao lado de Sua mãe na tragédia da Cruz.

Como resposta de amor, foi à arrependida de Magdala, a quem Ele apareceu por primeira vez depois da morte, entoando o hino incomparável de louvor à Vida, embora João e Pedro também houvessem visitado a sepultura onde fora inumado.

Narra o evangelista Lucas[13] *que algumas mulheres que haviam sido curadas de Espíritos malignos e de enfermidades, acompanhavam-nO e aos doze,* entre as quais *Maria, chamada Madalena, da qual tinham saído sete demônios, Joana, mulher de Cusa, administrador de Herodes, Suzana e muitas outras que os serviam com os seus bens.*

Não foram poucos aqueles a quem Ele libertara de Espíritos perversos, a quem restituíra os movimentos, abrira os olhos à luz, descerrara os ouvidos ao som, limpara o corpo das mais diferentes enfermidades, e todos O abandonaram.

Nenhuma voz se ergueu para defendê-lO ou sequer justificá-lO.

As mulheres, no entanto, sem qualquer receio, estiveram na entrada triunfal, em Jerusalém, como no meio da soldadesca desvairada e do populacho ingrato, seguindo-O com fidelidade.

Sabia Jesus que o sentimento feminino, preparado para a maternidade, não teme sacrifícios, nem receia situações penosas, porque é constituído para a renúncia de si mesmo e para a abnegação até o holocausto, havendo-lhe sido confiado o ministério de amar as criaturas desde o momento da sua formação no seio.

---

[13]Lucas, 8:2 e 3 (nota da autora espiritual).

Desse modo, investiu na sua sensibilidade e nobreza, conferindo-lhe confiança e concedendo-lhe a dignidade que lhe havia sido retirada pelas paixões subalternas dos legisladores antigos e dos profetas fanáticos.

Deus a todos fez com igualdade, estabelecendo polaridades para o elevado princípio da reprodução, sem qualquer inferioridade como parte de outrem.

O Criador, que concebeu e *gerou* o Universo, jamais necessitaria de adormecer o homem para extirpar-lhe a costela, elaborando a mulher. O processo de vida é o mesmo, organizado molécula a molécula sob a lei de transformações incessantes e renovações intérminas.

No Seu código de Amor não há lugar para o mal, para a discriminação, para a treva... Tudo são bênçãos edificantes em situações específicas para a finalidade geral da perfeição que está destinada a tudo e a todos.

As mulheres, ao lado de Jesus, eram as mãos do socorro atendendo os enfermos, as criancinhas aturdidas e rebeldes que lhe eram levadas, providenciando alimentos e roupas, auxílio de todo jaez nas jornadas entre as aldeias e cidades, povoados e ajuntamentos.

A multidão sempre O seguia; a massa informe e sofrida, que se comove e se irrita, que segue o rumo e se extravia, que aplaude e apedreja conforme a situação, necessitando sempre de ajuda na retaguarda, colocando equilíbrio e esclarecimento, a fim de acalmar os ânimos e refundir coragem nos desalentados.

Eram as suas vozes meigas e compassivas que tranquilizavam os exasperados antes de chegarem até o Mestre; sua paciência e gentileza que amainavam a ira e a rebeldia precedentes ao contato com Ele, constituindo segurança e alívio para as provas que os desesperados carregavam em clima de reparações dolorosas.

Conhecidas já, aos seus afagos recorriam muitas outras mulheres sofridas e amarguradas, que experimentavam o opróbrio e a humilhação doméstica, e às quais confortavam com o seu próprio exemplo e fé.

Jesus as necessitava, nelas depositando esperanças em favor de um mundo novo onde não mais existissem as discriminações nem os preconceitos de qualquer natureza.

Jesus e as mulheres!

...E as crianças e os homens de todos os tempos!

Por isso, Sua Mensagem nunca mais desapareceu da Humanidade e jamais se apagará da memória dos tempos, até o momento do grande encontro com Ele, além das formas e da transitoriedade do mundo material.

16

LIBERTAÇÃO TOTAL

Embora o dia estuasse de Sol, a temperatura se mantinha agradável.
As aragens que sopravam no lago, enfunando as velas e empurrando a barca na direção de Cafarnaum, beneficiavam aqueles homens aturdidos ante os acontecimentos inesperados.

A viagem a Gadara, anelada por Jesus, que a desejava realizar desde antes, do ponto de vista dos resultados, fora dolorosa.

Os gadarenos, embriagados pela cólera, haviam sido inclementes, expulsando com ferocidade das suas terras Jesus e os Seus discípulos.

Não obstante as tentativas do Mestre de estabelecer um diálogo proveitoso com aquele povo, redundara em vão e de forma desagradável.

O incidente com o obsesso recuperado e, mais ainda, a perda da vara de suínos que se atiraram dos penhascos ao mar, exaltaram-nos e os tornaram ferozes.

Encegueciods pela revolta, após apedrejarem o ex-lunático que viera apresentar-se-lhes dando testemunho do poder do Senhor, expulsaram-no sem piedade, mandando-o de retorno aos sepulcros abandonados e abertos de onde viera...

Da mesma forma hostil agiram com os pacíficos visitantes.

Havia antecedentes que influenciaram o seu comportamento ignóbil: as diferenças de interpretação da Lei, que negava ao judeu a ingestão de carnes de porco, enquanto os gadarenos eram seus criadores.

A questão econômica predominava, portanto, minando o relacionamento religioso e social.

O prejuízo com a perda dos animais fora o clímax dos comportamentos azedos, e Gadara bem como seus filhos perderam a oportunidade de se libertar através da Mensagem da Boa-nova.

A viagem de volta transcorrera silenciosa e com mal-estar entre alguns dos discípulos, que pareciam aturdidos, decepcionados.

Eles gostariam que Jesus houvesse reagido ao atrevimento da ignorância, impondo a Sua à vontade deles.

Sereno, irretocável, no entanto, Ele permanecera calado, mergulhado em reflexão profunda.

Quando a barca rasgou a areia úmida entre os seixos e pedrouços da praia, as velas foram recolhidas, e, após as providências necessárias, todos rumaram para a ampla residência de Simão.

Reunindo-se à volta da mesa larga de carvalho velho e escuro, o diálogo fez-se inevitável, e Pedro, parecendo representar os anseios de todos, interrogou o Amigo sem preâmbulos:

— *Mestre, por que os gadarenos recusaram a palavra de vida?*

Compreendendo o desencanto do amigo e demais companheiros, elucidou com calma:

— *O Reino dos Céus é uma oferenda do Pai Celestial, que somente aqueles que se encontram em condições próprias podem receber.*

É apresentado a todos, a fim de que não haja privilégio para ninguém, mas se torna indispensável que cada um se candidate com sacrifício à sua aceitação.

Fez uma pausa para facultar aos amigos um melhor entendimento, e logo prosseguiu:

— *Os gadarenos ainda se encontram muito preocupados com o corpo e os seus atavios para poderem valorizar os tesouros que transcendem o imediato.*

Despertarão lentamente e compreenderão que um dia a Luz chegou até eles, mas preferiram a sombra demorada.

Neste momento, passada a exaltação devastadora, interrogam-se uns aos outros sobre a ocorrência, lamentando a conduta e sentindo haverem perdido algo de muita importância, que ora os faz sofrer...

— E por que — volveu o discípulo com sinceridade — *os porcos atiraram-se ao mar? Não se poderia ter evitado o desagradável e angustiante cometimento?*

Passeando os olhos luminosos e tranquilos por sobre os discípulos interessados, o Mestre explicou:

— *Os Espíritos que atenazavam o enfermo constituíam uma legião de malfeitores infelizes que se locupletavam no organismo depauperado da sua vítima. Percebendo que lhes chegara o momento para o libertarem, astutos e perversos, tentaram negociar, receando o Hades externo, já que o carregavam internamente na consciência. E porque necessitassem da energia animal, pediram o conúbio com os porcos, de que pretendiam explorar a vitalidade... Mas o Pai Todo Amor, justo e sábio, impulsionou-me a retirá-los do enfermo sob o direcio-*

namento de energias vigorosas, que os deslocaram do campo de vampirização. Tomados de espanto, e amedrontados pelo inusitado que não esperavam, afastaram-se, ruidosos e agitados, provocando alteração e violência na área em que pastavam os animais que, assustados, correram na direção dos despenhadeiros, tombando nas escarpas dilaceradoras, e no abismo...

Por entender a alta significação e profundidade da lição que deveria passar à posteridade como advertência valiosa, o Mestre continuou:

— *A morte nunca poderá interromper a vida. Desse modo, aqueles que se comprazem no erro e na ação malévola, despem a indumentária carnal, mas prosseguem infelizes, tentando prejudicar aqueles que com eles se homiziam mentalmente. Por muito tempo assim será, como resultado da cegueira que predomina em a sociedade humana. A expressiva maioria das criaturas humanas, ainda prefere o engodo, a paixão, o gozo escravizador. É natural, portanto, que a morte apenas os coloque em outro campo de vibrações, porém com os seus hábitos e interesses. É este o inferno que os aguarda, na sua loucura como prêmio a que cada qual faz jus...*

Interrompeu a exposição, para logo dar prosseguimento:

— *A conquista do Céu que meu Pai oferece é feita mediante a conduta correta, os deveres retamente cumpridos, o amor em predomínio no imo, na condição de recursos que facilitam a instalação no ser.*

Certamente, por enquanto, os interesses pelos suínos predominam em a consciência coletiva, aguardando que se abram espaços para a implantação dos postulados da Boa-nova que liberta as mentes e os corações.

Dia virá, não muito longe, porém, em que o Evangelho estuará na Terra e os seres humanos compreenderão que o Reino dos Céus começa aqui mesmo e no coração de cada um, no instante em que seja tomada a decisão libertadora.

Silenciando, levantou-se e se dirigiu à praia.

Lá fora, o dia adornado de ouro cantava um hino, conclamando à luta e à felicidade.

Gadara e seus filhos ao longe, no cimo da cordilheira da *Decápolis*, prosseguiram cuidando dos suínos, enquanto a Voz anunciava a Era Nova que se acerca...

17

Correções libertadoras

As salmodias da Natureza em festa anunciavam a chegada da primavera, que renovava os escombros com flores miúdas e reverdecia a terra antes crestada e triste.

O arrebentar de cores e a explosão de perfumes balsamizavam o ar, oferecendo poentes em ouro, por onde, bailando, passavam as esvoaçantes nuvens garças, demandando regiões longínquas.

O lago tranquilo refletia nas águas límpidas e transparentes as embarcações que singravam ligeiras, de velas enfunadas sob o sopro dos ventos generosos.

A paisagem humana igualmente se apresentava enriquecida pelos júbilos dos cálidos dias de Sol que chegavam após a demorada invernia.

A luz que clarifica sempre consegue fazer que se esqueça a noite tenebrosa.

As gentes das margens do Genesaré, que repletavam as aldeias gentis e as cidades prósperas, movimentavam-se pelas ruas e praças, particularmente as dos mercados, comentando os acontecimentos cujas notícias lhes chegavam de fora pelos viajantes e itinerantes em trânsito contínuo.

Herodes, fazia pouco, havia silenciado a voz do *Batista* na sua fortaleza da árida Pereia.

Concomitantemente, a balada envolvente da Boa-nova comovia aquelas massas humildes e sofridas, que acorriam às pregações.

Enquanto as tricas e rixas farisaicas se multiplicassem em constante ameaça ao Rabi, impertérrito e dócil, Ele prosseguia ensinando e arrebatando as multidões.

Talvez aquela fosse a última estação de flores na qual os companheiros compartiriam a Sua presença.

As notícias das curas prodigiosas alcançavam as terras distantes e se renovavam os enfermos que, após curados, iam-se, sendo substituídos por novos magotes que chegavam.

A falta de renovação moral das criaturas respondia, como até hoje, pelo acúmulo das enfermidades e aflições.

Incansável e bom, Jesus atendia os infelizes, admoestando-os a que mudassem de atitude em relação ao comportamento, abrindo-se ao Amor e a Deus.

Na insânia que a muitos é peculiar, aqueles sofredores desejavam somente libertar-se do fardo dos sofrimentos, sem que se dessem conta da sublime canção que os Seus lábios entoavam, apontando a Era de felicidade ao alcance de todos.

Numa noite adornada de estrelas, depois das fadigas do dia estuante de beleza, o Mestre meditava defronte do mar em Cafarnaum, na casa de Simão, quando o amigo, que lhe acompanhava o silêncio, tendo a mente ardente de interrogações, endereçou-lhe algumas dúvidas, pedindo esclarecimentos.

– Senhor! – expôs timidamente. – *Eu gostaria de entender por que a dor chibateia com tanta força o dorso das criaturas indefesas. Para onde direcionamos o olhar, defrontamos a miséria, a enfermidade, as agonias e a morte ceifando as vidas. Mesmo nos lares abastados o sofrimento faz residência, ferindo os mais delicados sentimentos e dilacerando as mais caras aspirações...*

Silenciou por um pouco, para logo prosseguir, organizando as reflexões:

— *Pessoas laboriosas dedicam-se à produção das coisas corretas e não progridem, enquanto outras, desonestas e mesmo cruéis, prosperam a olhos vistos?! Tenho amigos que se empenham pelo ganha-pão honrado, amargando dificuldades e carências sem nome. Como entender-se o magnânimo Amor de Nosso Pai nessas situações?*

— *Simão* – inquiriu o Mestre –, *como se comporta o pai responsável cujos filhos desobedientes não lhe seguem as orientações?*

— *Repreende-os, Senhor* – redarguiu o pescador interessado.

— *E se, apesar das advertências, eles permanecem inconsequentes?*

— *Aplica-lhes corretivos mais severos, a fim de os ajudar.*

— *Respondeste bem, Simão. Nosso Pai a todos criou para a conquista da felicidade espiritual e eterna. A estância na Terra é transitória, como oportunidade de realizar-se uma saudável aprendizagem para a posterior aplicação do conhecimento. A vida real é a do Espírito, enquanto o corpo é uma roupagem transitória com finalidade específica: facultar o desenvolvimento moral no convívio com as demais criaturas. Quando saudáveis, atiram-se pelos sórdidos labirintos do prazer insano, assumindo comportamentos desvairados. Utilizam-se dos recursos valiosos que lhes são concedidos para o uso extravagante e abusivo do prazer corporal, afligindo o próximo em alucinada correria pelas satisfações vis, incessantes, perturbadoras...*

Fez breve pausa e olhou o velário da noite ornada de brilhantes estelares, e prosseguiu:

– *Por amor, o Pai faculta-lhes prosseguir sob chuvas de ácido e calhaus que acumulam sobre as próprias cabeças, experimentando as consequências da insensatez. Ao invés de tratar-se de punição, é saudável ensinamento de amor, convocando os calcetas à reparação, à reflexão, ao trabalho de autodepuração. Ninguém é convocado ao sofrimento sem uma anterior causa justa. Que ocorre, porém, com o ser humano, nessas circunstâncias? Podendo aproveitar as lições para reequilíbrio, atiram-se nos abismos da rebeldia, blasfemam, ameaçam, vociferam, mais complicando o quadro das próprias dores. Cada qual é, portanto, responsável pelo que lhe sucede, em razão da justiça das Soberanas Leis...*

Após ligeiro silêncio, para facultar ao discípulo absorver o conteúdo do ensinamento, continuou:

– *Quando arrojamos algo para cima, inevitavelmente retorna... Assim também os pensamentos, palavras e atos que são direcionados à Vida. Eles volvem com as cargas emocionais ampliadas, após serem atirados para a frente.*

O Pai Generoso compreende a rebeldia dos filhos em aprendizado e concede-lhes o livre-arbítrio para que se sintam responsáveis pela existência. Todavia, a qualquer ação sempre corresponde uma reação equivalente. Cessada a oportunidade de opção, se foi mal aproveitada, é aplicado no infrator o necessário corretivo, a fim de evitar-lhe danos mais graves na conduta.

Enquanto suave brisa perfumada perpassava no ar, confundindo-se com o aroma do lago imenso, e Jesus concluiu:

— *São felizes, Simão, aqueles que se encontram em correção libertadora, porque se purificam para o Reino dos Céus. A existência terrena, tida como feliz, isto é, sem preocupações financeiras, sem problemas sociais, com saúde perfeita, não representa muito para quem a desfruta, mas concessão divina para ser utilizada, delineando as futuras experiências iluminativas. Desse modo, quem a malbarata, retorna em escassez; aquele que a perverte, volve excruciado pela sua ausência; todo e qualquer que a corrompe pelo uso indevido, refaz o caminho, recolhendo os calhaus e os espinhos que deixou em abundância...*

O sofrimento é bênção que o Pai oferece aos Seus eleitos, a fim de que não se percam, tornando-se escolhidos. Bem sei que, no atual estágio da evolução humana, considera-se a felicidade como a ausência de problemas e a alegria na condição de falta de preocupações... Mas o Reino dos Céus é diferente das conjunturas humanas, começando nas fronteiras do comportamento terrestre.

Calando-se, permitiu ao discípulo sincero que auscultasse o próprio íntimo, enquanto, no Alto, lucilavam os astros embalando a noite de paz...

18

OS SINAIS DOS SOFRIMENTOS...

Ao tempo de Jesus, o Templo de Salomão era uma das mais belas construções existentes, em plena magnificência.

Erguido, inicialmente, por Salomão, de quem herdou o nome, mais tarde substituído por Jerusalém, pela sua localização, foi construído com requintes de luxo, desde as madeiras preciosas até os mármores que deslumbravam.

Erigido no século X a.C., foi destruído pelos caldeus mais tarde, em 583 a.C., deixando desolados os hebreus.

Novamente levantado pelos judeus, que vieram do exílio na Babilônia, foi terminado por Zorobabel, em 516 a.C., que o ornamentou com ouro e colunas deslumbrantes, enquanto governador da Judeia.

Por fim, foi reedificado e embelezado por Herodes, que o dotou de máxima glória como edificação arquitetônica incomum, entre os anos 20 e 10 a.C., com madeiras de cedro do Líbano e painel de ouro à entrada, expressando a grandeza da Nova Era.

Somente no ano 64 d.C. seria concluído, para ser novamente destruído, logo depois, por Tito, que assim humilhou o povo judeu, reduzindo-o à posição de galé e impondo a *Diáspora*...

Era, no entanto, a glória do *povo eleito*. Ali se decidiam as questões relevantes da fé, da política e da economia do país.

O sumo sacerdote era autoridade de destaque na comunidade, respeitado e orgulhoso, exercendo poderes religiosos, sociais e administrativos quase absolutos.

Vez que outra, Jesus entrou nele durante o Seu ministério.

Aproximavam-se os momentos decisivos. A onda de intriga avolumava-se, e os espiões de vários matizes buscavam surpreendê-lO em falta real ou imaginária para O denunciarem.

Os Seus passos eram seguidos à socapa e Suas palavras eram adulteradas, de modo a atenderem aos fins escusos dos Seus futuros verdugos.

Ele permanecia, no entanto, impertérrito, integérrimo.

A Verdade n'Ele era tão natural que não a podiam dissociar da Sua vida.

Todos os acontecimentos sucediam-se com inteireza, sem interrupção.

À semelhança do dia nos seus vários ciclos de amanhecer, plenitude e crepúsculo, Ele se encontrava no píncaro da realização, preparando-se para iniciar o período de *sombras-luz* nas grandes dores e tribulações.

Ninguém passa pelo mundo físico sem experimentar os ferretes da condição de inferioridade do planeta, assim como daqueles que o habitam.

A aflição é fenômeno comum a todos e ninguém se lhe exime à presença.

Os amigos encontravam-se jubilosos por estarem em Jerusalém.

A *cidade santa* constituía orgulho para toda a raça e viver nela era honra imerecida; passar pelas suas venerandas ruas significava estar perto da Divindade, pois que ali estavam o Templo e a Arca da Aliança...

Jesus não se fascinava. Aos outros Ele deslumbrava. Superior à Sua época e a todas as eras, vestira-se com a singeleza da humildade, a fim de erguer os homens ao cintilar das estrelas.

Naquele dia, ao saírem do santuário, Ele e os Seus discípulos, estes, comovidos, exclamaram:

– *Senhor... vede que pedras e que construções!*[14]

Referiam-se aos imensos blocos de diversas toneladas que constituíam a edificação opulenta.

O Senhor olhou o grandioso edifício e respondeu:

– *Vedes estas grandiosas construções?*

Em verdade, em verdade vos digo que não ficará pedra sobre pedra que não seja derrubada.

O espanto se manifestou nos companheiros que se sentiram desapontados, agoniados.

Logo depois, ensimesmados, no Monte das Oliveiras, fronteiro ao santuário, traduzindo a inquietação de todos, Simão Pedro, Tiago e João indagaram-lhe:

– *Diz-nos quando tudo isso acontecerá e qual o sinal a anunciar que essas coisas estão próximas.*

Adentrando-se no futuro e aquilatando a pusilanimidade humana, os desalinhos morais, as ambições desregradas e as paixões sanguissedentas, com tom melancólico o Mestre enunciou o Sermão profético, apocalíptico.

---

[14]Marcos, 13: 1 a 37 (nota da autora espiritual).

Ante Sua visão transcendente desfilavam os acontecimentos históricos que assinalariam as épocas do futuro.

O Templo, depois de destruído, passaria a sofrer diversos assaltos até 150, quando os judeus foram proibidos de entrar em Jerusalém, dali expulsos em definitivo.

Tito os houvera crucificado aos milhares em 70 e mandou sitiar a fortaleza de Massada por dois anos, até a sua rendição total em face do suicídio geral dos mais ortodoxos e zelotas que para lá fugiram após a destruição de Jerusalém.

O Mestre via, naquele momento, o nascer, florescer e morrer de civilizações e culturas diversas que as guerras e os tempos consumiriam...

Apiedado dos homens e das suas vaidades de pequena duração, referiu-se:

– *Acautelai-vos para que ninguém vos iluda. Surgirão muitos com o meu nome, dizendo: "Sou eu", e seduzirão muitos. Quando ouvirdes falar de guerras e de rumores de guerras, não vos alarmeis; é preciso que isso aconteça, mas não será o fim. Erguer-se-ão povo contra povo e reino contra reino; haverá terremotos em vários lugares, haverá fome. Isso será apenas o princípio das dores.*

Estai vigilantes!

Houve um grande silêncio, e logo prosseguiu:

– *Sereis açoitados diante de reis e magistrados por amor de mim. Irmão entregará irmão e os pais seus filhos, enquanto estes os denunciarão sem clemência... Mas antes deveis proclamar a Boa-nova a todas as nações.*

As dores alcançarão incomparável índice de aberração, e as calamidades serão de tal monta que não haverá tempo para fugas.

Quem estiver na Judeia não terá como correr para o campo. Quem se encontrar nos telhados não poderá descer.

Silenciou por um pouco novamente, diminuindo a gravidade da narrativa.

Ele antevia as desgraças da irradiação atômica e da fissão nuclear, das guerras de extermínio recentes.

As terríveis epidemias medievais e os truanescos conflitos de raças e de religiões eram detectados desde então.

Voltando ao esclarecimento, acentuou:

– *Ai das grávidas desses dias e dos peitos que amamentarem.*

Naquela ocasião que há de vir, o Sol perderá sua luz, as estrelas cairão sobre a Terra e a Lua se cobrirá de sangue.

Todavia, isto ainda não será o fim, mas o princípio das dores...

O céu e a Terra passarão, mas as minhas palavras não passarão...

Percebia a alucinada carreira armamentista das atuais *grandes nações*, sonhando em tornar a Lua uma base para disparar mísseis.

As grandes trevas que dominaram o Sol, quando se ergueram os cogumelos das explosões atômicas, atemorizando o mundo e marcando vidas com os sinais irreversíveis da contaminação nuclear, eram previstos naquele momento.

Também descortinou a queda das estrelas sobre o planeta em treva – os Espíritos de Luz que vieram preparar a Era Nova e instalar o Reino de Deus...

Após larga reflexão, concluiu:

– *Então vereis o Filho do Homem em toda a Sua glória, pairando acima dos escombros e coroando os justos com a paz. O que vos digo a vós, digo-o a todos. Vigiai!*

Anunciados os torpes acontecimentos que visitariam a Humanidade dos tempos futuros, Jesus envolveu os discípulos ingênuos em uma onda de ternura e confiança, asserenando-os com palavras de estímulo e fé:

– *Aqueles que perseverarem fiéis* – assegurou-lhes – *serão poupados.*

A fé rutilante, vivida integralmente, conduz com equilíbrio e poupa a criatura da desnecessária aflição, mesmo porque luariza a alma, equipando-a de energias e forças para superar as ocorrências dilaceradoras.

Perseguindo os ideais de enobrecimento, o homem supera a si mesmo e arrosta quaisquer consequências infelizes com ardor, sem dar-se conta do preço a pagar pela honra de imolar-se, dos testemunhos a enfrentar pela felicidade de ser fiel.

Jerusalém cobria-se de sombras lentamente, e as estrelas coruscavam ao longe, enormes como gigantescos crisântemos de luz, enquanto o silêncio da Natureza era musicado pelas onomatopeias.

Contemplando a cidade, orgulhosa e infeliz, adormecendo, Jesus e os Seus avançavam no futuro e anteviam a *Jerusalém libertada* nas almas, sem construções suntuosas de pedra, que o tempo derruba, nem opulência, que perde o valor na sucessão dos evos.

Na memória dos séculos estão as ruínas do grandioso Templo, quase imperceptíveis em Jerusalém, que o Mestre previu desaparecer.

Das famosas oliveiras do monte fronteiriço, após a devastação determinada por Tito, que as derrubou para transformá-las em cruzes, restam três apenas, atormentadas e retorcidas como os povos que ali têm passado até hoje...

19

UM LUGAR SOLITÁRIO

Narra o evangelista Marcos[15] que, *de manhã, muito cedo, Jesus levantou-se e saiu; retirou-se para um lugar solitário e ali se pôs em oração.*
O mundo está repleto de *lugares solitários.*
A multidão é massa informe, volumosa, que atropela, aturde, esmaga. Em um momento faz-se tranquila para, logo depois, agitar-se, crescer e arrebentar-se contra tudo quanto está à frente.
Ameaçadora, é difícil de ser controlada, em razão dos impulsos que nascem nas suas paixões devastadoras.
Jesus sempre a enfrentava tomado de compaixão pela sua loucura, sua ansiedade, sua irreflexão.
Não raro, por isso mesmo, Ele procurava um *lugar solitário* para orar e reabastecer-se em Deus.
As criaturas ávidas, que formam a multidão, sempre tomam, sem dar; querem mais, até a exaustão, sem retribuir; renovam-se, incessantemente, sem consideração pelo agente do seu conforto...

---
[15]Marcos, 1: 35 a 39 (nota da autora espiritual).

Rebelam-se com facilidade, e os lábios que sorriem se crispam de ira, as mãos que aplaudem, esbofeteiam, o entusiasmo converte-se em ódio...

Há lugares solitários, geograficamente, nos quais se ouvem a música do silêncio e a voz de Deus. Ali é possível reencontrar-se, revitalizar-se, pensar... para depois enfrentar-se a multidão.

Quem os não busca exaure-se com facilidade, atormenta-se, perde o contato com Deus e consigo mesmo.

Arrastado para toda parte e lugar nenhum, o incauto se desconcerta e se estiola, vencido pela ingrata, insaciável multidão.

Também existem pessoas que são lugares solitários, porque se fazem áridas, amargas, abandonando-se à autocompaixão, à descrença.

Esvaziadas de ideais, nada as preenche.

Mortificam-se e acusam, sem dar-se oportunidade de renovação e de plenitude.

São lugares-abismos perigosos porque, no seu pessimismo, contagiam os inexperientes e torpedeiam os belos programas de enobrecimento.

É necessário cuidar-se para não se envolver com elas, nem se intoxicar com o bafio pestífero que exalam.

Nos lugares solitários da Natureza há clima para reflexão, busca interior, paz. O silêncio não é constrangedor, porque ali se escuta o pulsar do coração vivo da Criação e mil sons que compõem a música da harmonia universal.

Nas criaturas lugares-solitários há uma aridez de morte e um silêncio de constrangimento, em reações mal controladas contra a vida.

Jesus preferia os lugares solitários nos montes, *longe--perto* das multidões.

Ele viera para conduzir as pessoas ao aprisco, considerando-as ovelhas, algumas dóceis, outras rebeldes, várias enfermas...

Era-Lhe necessário conviver, participar dos seus cuidados e aspirações, dos seus choques e paixões, a fim de atendê-las, não naquilo que queriam, porém, no que realmente necessitavam.

Não é de estranhar que os amigos, ainda ignorando o programa de trabalho, ao encontrá-lO, reclamassem:
– *Todos Te procuram.*

Essa ânsia e busca de soluções fáceis permanecem nos seres humanos, que ainda preferem desfrutar do alheio esforço, ao invés de empreenderem-no eles próprios, caracterizando nossos dias de alienação.

Como Jesus e Sua mensagem não se submetiam aos paradoxos humanos, que de cedo Ele definiu, a Sua resposta foi peremptória a Pedro e àqueles que o buscavam:
– *Vamos para outra parte, para as aldeias vizinhas, a fim de pregar ali, pois foi para isso que saí.*

As doenças e os problemas são fomentados pelo próprio indivíduo, que se liberta de uns e elabora outros, pela ignorância na qual se demoram, pela rebeldia que agasalham, pelo egoísmo a que se entregam...

Imperioso é o iluminar da consciência, a fim de compreender o objetivo da existência, pautando os atos de conformidade com as metas morais abraçadas. Enquanto isso não se dá, a pessoa transfere-se de uma dificuldade para outra permanecendo sempre aflita.

A Sua pregação possuía o caráter de libertação.

O homem imediatista não se dá conta da sua impermanência existencial, porque vive momentos que sucedem outros, sem excogitar do programa real, mediato, que é a vida em si mesma.

Vagueando pelas paisagens da sensação, é fisiológico, brutalizado, gozador, descomprometido com o trabalho e a ordem, que o desagradam.

Quando se alcança o nível espiritual da existência humana, as aspirações se elevam aos graus da emoção superior e alterações no comportamento erguem às cumeadas da alegria, da ventura.

A humildade natural nele floresce e o desinteresse pelas ilusões e seus famanazes é espontâneo, ficando rico de júbilos, sem sinais de apego ou rumores de lamentações.

Jesus veio a fim de despertar os seres humanos para o encontro de si mesmos, a conquista das ilimitadas paisagens do belo, do Espírito, da imortalidade.

Aqueles, porém, como os de hoje, eram dias de brutalidade e avareza.

O ser espiritual estava, como ainda se encontra, dormindo sob as couraças da indiferença, dos desejos infrenes, do personalismo, da violência.

Era necessário golpear-lhes o envoltório até retirá-los, para que pudessem considerar a realidade e compreender o que ainda não descobriram.

Ele então curava as suas mazelas, atendia as suas necessidades, crescia aos seus olhos e passava a ser considerado, porém, enquanto lhes interessava, pois que, na Sua aflição, testemunho e doação, Ele foi deixado a sós, até pelos que O amavam...

Assim, naquela oportunidade, após pregar, ministrando a terapia preventiva, Ele curou por toda a Galileia e expulsou os Espíritos perturbadores que atenazavam os Seus companheiros afins.

O deslumbramento das multidões seguia-O empós e cada vez era maior o número daqueles que recorriam à Sua ajuda.

Sempre haverá dores e mazelas nas multidões, enquanto perdurem as paixões desencadeadoras.

Somente a transformação íntima do ser constituir-lhe-á recurso impeditivo para a instalação das matrizes do sofrimento no *corpo sutil* do Espírito. Esse esforço desafiador lentamente nasce e se desenvolve à medida que a própria dor lapida o egoísmo e dilacera as paixões dissolventes em dominação arbitrária.

Enquanto luz a esperança e a multidão estruge qual mar violento nas praias, é necessário recorrer a lugares solitários para falar com Deus, ouvi-lO e adquirir forças para falar e escutar as criaturas humanas.

20

Amanhecer de esperanças

Os acontecimentos se precipitavam incontroláveis. A região desértica e triste, que *reverdecera* sob a chuva de esperanças da palavra do *Batista*, seria o cenário de inusitadas ocorrências, preparando o amanhecer de uma nova e demorada Era – a do Amor.

O amor ainda não abrasara os corações. Apenas em pequenos grupos vicejava, unindo familiares e greis que se prendiam a interesses recíprocos.

Raramente o sentimento de amor a Deus oferecia equipamentos para uma vida de confiança e irrestrita dedicação à fé.

Da mesma forma, o amor à pátria esmaecera nos corações e o mercenarismo era o recurso legal para formar os exércitos e defensores da sociedade.

O sentimento de fraternidade espontânea quão desinteressada cedia lugar à mesquinhez moral do comportamento, que se assinalava pela traição, discórdia e realização do *ego*.

O amor começaria naquele momento a distender as suas raízes e desdobrar-se pela aridez das criaturas, alterando o comportamento humano.

Não se tratava de uma tarefa simples ou fácil, porquanto iria alterar os conceitos da filosofia hedonista, do imediatismo, ensejando uma transformação da sociedade, que só os lentos milênios conseguiriam materializar.

Para tanto, fazia-se inadiável começar; para isso veio Jesus.

As tribulações que Ele experimentara foram rudes.

Era necessário macerar-se, a fim de permanecer em Deus e o Pai n'Ele.

Por isso, o demorado jejum fizera-se indispensável.

Tratava-se da preparação silenciosa, mortificadora, a fim de poder enfrentar a algaravia, o tumulto e as competições traiçoeiras que logo mais viriam.

As *tentações* foram rechaçadas pelo seu caráter rigoroso e o momento havia chegado.

João acabara de ser preso e os prognósticos eram sombrios.

Ele ousara desafiar Herodes Antipas com o verbo flamejante, censurando-lhe a conduta reprochável de vida em concubinato com a cunhada Herodíades.

Os pigmeus morais, que se fazem grandes no mundo, não perdoam os gigantes da verdade, que os incomodam ou desconsideram as suas mazelas.

Como parecera que João ultrapassara os limites do suportável, o cárcere, seguido pelo assassinato legal, eram as únicas maneiras de silenciar-lhe a voz.

Clamando no deserto, ele viera anunciar o Construtor do mundo novo, e lograra chamar a atenção das massas, que acorriam a escutá-lo, a fim de que estivessem vigilantes.

Seria naqueles dias, e a hora se fazia próxima.

Desse modo, o seu encarceramento, parecendo encerrar-lhe o ministério público, era o sinal da mudança dos tempos.

Nesse momento, apareceu Jesus, na Galileia, anunciando o novo panorama. Sua voz, clara e doce, com matizes de sabedoria e força, começou a informar: – *Completou-se o tempo e o Reino de Deus está perto: arrependei-vos e acreditai na Boa-nova.*[16]

Os ouvidos e corações que aguardavam, escutaram-nO e logo a multidão reuniu-se para ouvi-lO.

O Verbo inflamava-se ao expor as bases da Mensagem e os objetivos transformadores de que se fazia portadora.

Não se tratava de mais um recurso salvacionista de ocasião, mas, de todo um portentoso trabalho de iluminação de consciência com a natural transformação moral, que lhe era subsequente para renovação e felicidade da criatura e do mundo.

Não era fácil absorver-lhe de imediato os profundos conteúdos. No entanto, a poderosa irradiação de beleza e ternura que d'Ele se espraiava, seduzia quantos Lhe escutavam o convite.

Sorrisos confraternizavam com esperanças de melhores tempos, os de superação dos sofrimentos.

As criaturas não se apercebem que antes da colheita farta, é necessário cortar a terra, *matar* a semente, cuidar da planta com o contributo do suor e da constância para fruir a etapa final, que é recolher o fruto sazonado.

Mas isso, naquele momento, não importava.

---

[16]Marcos, 1:14 a 21 (nota da autora espiritual).

Havia sede e fome de paz, de justiça e de pão, e como Ele prometia boas notícias em torno de um Reino de amor e fartura, o que interessava era consegui-lo de imediato.

Estavam sendo, porém, lançadas as primeiras balizas; tornava-se preciso reunir os obreiros, aqueles que iriam trabalhar nas fundações da nova sociedade humana.

Ele saiu, portanto, após o primeiro discurso e rumou na direção das *bandas do Mar da Galileia*.

Seria aquela a região capital do Reino na sua face terrestre.

Ali estavam as gentes simples, sofridas, necessitadas, mais fáceis de ser trabalhadas, mais susceptíveis ao amor.

Logo viu *Simão e André, seu irmão, que lançavam as redes ao mar, pois eram pescadores.*

As criaturas humanas, mergulhadas no oceano das paixões, necessitavam de ser resgatadas. Desse modo, Ele disse aos dois homens, que se detiveram a olhá-lO:

– *Vinde após mim, e farei de vós pescadores de homens.*

Dominados pela voz e pela magia da Sua presença, sem qualquer discussão ou comentário, eles, de imediato, *deixaram as redes e seguiram-nO.*

Iniciava-se uma odisseia como jamais houvera antes e nunca mais volveria a acontecer.

Os Seus convidados deixavam tudo e acompanhavam-nO.

Pareciam conhecê-lO e O conheciam. Sentiam-se amados e O amavam, apesar dos seus limites.

Logo após, a pequena distância, Ele *viu Tiago, filho de Zebedeu, e João, seu irmão, que estavam no barco a consertar as redes,* e também os chamou.

A Sua voz penetrava a acústica da alma e, sem alternativa, como se O aguardassem, eles, deixando no barco seu pai com os assalariados, seguiram-nO e se dirigiram a Cafarnaum.

Eles não conheciam qualquer plano ou projeto, como era a empresa e qual o seu desempenho nela, nada sabiam... Apenas O seguiram.

Era original a Sua mensagem.

Os potentados do mundo, quando desejam algo, planejam-no, estudam-no e discutem os programas.

Os convidados a participar das suas empresas debatem os interesses, argumentam em defesa dos seus desejos, tomam e gastam tempo em considerações e diálogos infindáveis.

Com Ele, não, tudo era diferente, porque a Sua era uma proposta única, irrecusável, incomum.

Com quatro amigos, dois irmãos e mais dois, Ele iniciou a mais portentosa marcha revolucionária da Humanidade: a construção do Reino de Deus nos corações.

No sábado, Ele entrou na sinagoga e passou a ensinar, fundamentado na *tradição* e no texto do dia, sem ter recebido informação prévia do tema para a discussão.

Sua palavra exteriorizava autoridade superior aos escribas e fariseus, facultando que todos se deslumbrassem ante os seus ímpares conceitos, jamais antes escutados.

De nenhuma *Causa* a Humanidade tomara conhecimento com aquelas características.

Enquanto João amargava a prisão em Maquero, na Pereia, Jesus vinha à luz na verdejante e sorridente Galileia.

Um período entrava em crepúsculo, em sombras, e outro se iniciava em amanhecer de lúculas alvinitentes, iluminadoras.

21

AS BÊNÇÃOS DA UNIÃO

Naqueles tumultuados dias, a presença de Jesus era um refrigério para as almas.
Suave-doce, o Seu verbo não se compadecia dos erros e das defecções, advertindo com energia e orientando com segurança todos aqueles que se dispunham a segui-lo.

A longa ausência de disciplina moral e emocional dos companheiros, que haviam vivido longe das severas condutas que ora se deviam impor, gerava dificuldades comportamentais compreensíveis, que o Amigo sereno corrigia apresentando a excelência do bem proceder em favor do próprio indivíduo.

Nos intervalos das pregações, não se descuidava de orientar os que deveriam ficar com a incumbência de levar às gerações futuras os Seus ensinamentos, na condição de Educador vigilante que percebe os perigos do caminho e norteia com sabedoria.

Amava-os e, por essa razão, entendia quanto lhes seria exigido, talvez, sem que se encontrassem equipados com os instrumentos hábeis para os enfrentamentos cruéis.

Por sua vez, os amigos distraídos ainda não se haviam dado conta da magnitude da tarefa que deveriam desempenhar, em face das limitações que lhes bloqueavam o raciocínio, recurso que lhes fora aplicado antes do renascimento, e que seria liberado no momento próprio, após a crucificação...

Por enquanto, eram homens comuns, lutando contra as deficiências carnais no jogo ilusório do corpo. Espíritos dignificados alguns, estavam preparados para as atividades diaceradoras, mesmo sem dar-se conta do significado da adesão aos postulados da Boa-nova.

Momentaneamente jaziam esquecidos os compromissos assumidos e a gravidade do empreendimento que aceitaram desenvolver pelos dias do futuro.

O amor, que os alimentava, serviria de base de sustentação para o sofrimento que experimentariam, funcionando como buril lapidador das arestas espirituais, a fim de facilitar o despertamento das responsabilidades internas, que assumiriam com magnífico desempenho, quando chamados ao confronto com o mundo.

Naquela ocasião inicial, entretanto, agiam como os demais, sofriam as pressões com tormentos infantis, não percebendo a magnitude do significado de se encontrarem ao lado do Mestre nesse ministério transformador da Humanidade.

Agastavam-se, uns com os outros, disputavam mesquinharias, invejavam-se em relação à afetividade do Amigo, cuja presença diluía as incompreensões com um olhar de compaixão ou uma palavra de esclarecimento.

Ninguém igual a Jesus no trânsito multimilenário da História.

Sua conduta, Seu amor e misericórdia ainda permanecem como o zênite e o nadir das mais elevadas aspirações da criatura humana.

Ele realmente nunca passou e jamais deixará de estar presente entre aqueles que aspiram ao triunfo imortal.

Após as fadigas dos dias cálidos de primavera ou ardentes de verão, terminadas as jornadas e as pregações para as multidões, o Mestre se utilizava do relaxamento das tensões dos companheiros, a fim de norteá-los em relação aos compromissos do porvir.

Reunia-os, à sua volta, como Benfeitor incansável, e dialogava em dúlcido convívio, descendo até às suas necessidades.

Já não lhes falava através de parábolas, mas com linguagem franca e desvestida de símbolos, a fim de que se identificassem com o seu conteúdo profundo, condutor dos passos nas conjunturas posteriores.

Foi numa dessas ocasiões, ante o piscoso Mar da Galileia, que, tomado de infinita compreensão, advertiu os discípulos.

A noite respirava perfumes de rosas silvestres enquanto as estrelas piscavam luzes no zimbório veludoso.

Ouviam-se as ânsias e onomatopeias da Natureza ao ritmo das ondas suaves que se espreguiçavam nas areias brandas e repousadas da praia.

– *Há pouco, vos disse a todos que me escutastes: "Não mais me vereis até que digais: Bendito o que vem em nome do Senhor".*[17]

Possivelmente não me entendestes, porquanto me referia à separação física que haverá entre nós, quando o Cordeiro for imolado e pendurado a um madeiro de infâmia a balouçar como um trapo ao vento...

---

[17]Mateus, 23:39 (nota da autora espiritual).

Passados esses terríveis dias, o mundo, que não está preparado para a Mensagem, se voltará contra vós. O ódio urdirá infâmias e perversidades jamais vistas antes, a fim de desanimar-vos: a inveja semeará cardos e abrirá abismos pelo vosso caminho, tentando impedir-vos o avanço; as paixões se levantarão açoitando os vossos sentimentos mais nobres e provocando vossas emoções mais belas, de forma que vos sintais esmagados ao peso da crueldade, tentados a desistir...

Tende, porém, bom ânimo, e lembrai-vos de mim, que não conquistei o mundo dos interesses mesquinhos, mas venci o mundo que esgrimiu suas armas covardes contra mim.

Calou-se por um pouco, permitindo que fossem ouvidas as vozes inarticuladas da noite festiva, para logo prosseguir:

– A doutrina de amor, que o Pai me deferiu para apresentar ao mundo, é como um punhal que fere fundo o mal e extirpa-o, ou como um raio de luz que cinde a noite e se derrama em claridade inapagável, vencendo a escuridão. Chamará a atenção e encontrará adversários hábeis que estão ocultos na consciência humana, à qual deve atingir, alterando-lhe o campo de discernimento. Assim, ainda em denso primarismo, erguerá a clava destruidora para silenciar as vossas vozes e interromper os vossos passos.

Não temais, porém. O que vier de fora servirá de combustível para o vosso labor. No entanto, haverá inimigos mais perigosos que se levantarão contra o vosso ministério: aqueles que dormem no íntimo dos companheiros invigilantes que sintonizarão com o mal, atraindo-o das suas furnas para o combate inglório.

Dormem ou se agitam nas regiões do Hades muitos que fracassaram no mundo e não despertaram para Deus, contra Ele se levantando em alucinadas competições...

Impossibilitados de enfrentar o Supremo Pai, vigiar--vos-ão, inspirando-vos dissensões e controvérsias, ironizando-

-vos a pureza e simplicidade, anatematizando-vos nas realizações edificantes, combatendo-vos, oculta ou publicamente, a fim de destruírem além de vós a Obra do Senhor...

Não duvideis da interferência desses seres infelizes e perversos, nossos irmãos infortunados que se acreditaram deuses e por longo tempo dominaram o panteão mitológico de muitos povos, que exigiam sacrifícios humanos, a fim de saciarem a sua fome de volúpia.

Retidos nos dolorosos sítios onde se homiziam, acompanham o processo de libertação da Terra entre odientos e desditosos.

Orai sempre e servi com abnegação desmedida, não vos deixando atingir por eles e por aqueles de quem se utilizem, mesmo sendo corações afetuosos a quem amais...

Lutai para preservardes a união, evitando separar-vos, porque uma vara é fácil de ser quebrada, duas ainda podem ser arrebentadas, no entanto, todo um feixe harmônico opõe grande resistência e nem sempre é despedaçado...

Assim sucederá convosco, se permanecerdes identificados pela união de propósitos em nome do Senhor.

O Senhor é a Vida, que merece total dedicação.

Os companheiros entreolharam-se surpresos. Muitas vezes tinham a sensação de que outras mentes pensavam nas suas mentes, utilizando suas vozes e ações contra a própria vontade, em cujos momentos nasciam agressões e susceptibilidades que o Divino Terapeuta diluía.

Davam-se conta das injunções penosas que lhes surgiriam, dificultando o entendimento fraterno, gerando perturbação e desordem emocional, ira e queixa...

Compreendiam, por fim, a interferência de outros seres infelizes nos seus campeonatos de insensatezes.

Alguns deixaram-se comover, e lágrimas, de profundo sentimento, escorriam-lhes nas faces crestadas pelo Sol.

O Mestre, porém, prosseguiu:

— *Eu vos escolhi a vós, não fostes vós quem me escolhestes. Eu vos chamei, porque vos conheço, embora ainda não me conheçais, como seria de desejar.* Por isso, tende coragem e não desanimeis nunca.

Não é importante como ajam os outros, mas como vos conduzais. A vós, vos cabe semear, servir e passar.

O Pai é o Grande Ceifeiro, e Ele saberá quem foi o semeador e quem descuidou da seara, permitindo que a erva má igualmente medrasse junto ao trigo bom.

Ficai em paz, e não vos atemorizeis nunca. Jamais o mal venceu o bem, ou a sombra predominou ante o impacto da luz.

Eu me irei, mas nunca vos deixarei... Seguirei somente um pouco antes, a fim de vos preparar lugar. Permanecei confiantes e felizes, porque fostes escolhidos...

Os discípulos, habitualmente bulhentos e interrogativos, nesse momento recolheram-se em reflexão e permaneceram silenciosos, deixando-se penetrar pelas orientações que deveriam assinalar os dias do futuro de todos os tempos.

Aquelas diretrizes significavam os roteiros a seguir nas situações embaraçosas e perturbadoras pelas quais teriam que passar.

A implantação de novas condutas enfrenta as situações lamentáveis das antigas convicções em que se comprazem os ociosos e desfrutadores.

Toda renovação dá-se através de revoluções, de mudanças, de combates aos velhos costumes para a instalação das novas realizações.

Assim tem sido e, por muito tempo, ainda assim será.

22

A ESPADA E A CRUZ[18]

O sumo sacerdote representava, entre os hebreus, o grande guardador do Templo, que se responsabilizava pela pureza da doutrina, pela manutenção do culto e pela *santidade do povo*. Tratava-se de cargo hereditário, que procedia dos tempos de Eleazar, filho de Arão, conforme ensina o Êxodo, que remanescia da tribo de Levi.

Era-lhe concedida a honra de consorciar-se, desde que com uma virgem, e o seu poder era quase ilimitado entre os de sua raça.

Trajava-se de forma exuberante, vistosa, de acordo com a opulência igualmente retratada no mesmo livro do Êxodo, sendo-lhe permitido, somente a ele, a entrada no santuário do tabernáculo onde estava o *Santo dos Santos*, sendo-lhe também facultado consultar os oráculos mais sagrados do povo, denominados Urim e Tummim.

Ao tempo de Jesus, era sumo sacerdote em Jerusalém José Caifás, no poder desde o ano 18 d.C. e prolongando-se até 36 d.C.

---

[18]Mateus, 26:51; Marcos, 14:47; Lucas, 22:49 e João, 18:10 (nota da autora espiritual).

Começara a sua atividade no período em que governava Jerusalém Valério Crato, e permaneceu até os dias de Pôncio Pilatos, em cuja jurisdição foi julgado e condenado Jesus Cristo.

Foi ele quem conduziu o processo criminal contra Jesus, por haver-se denominado *Filho de Deus*, já que outro motivo não conseguiu encontrar para persegui-lO.

Pusilânime e covarde, exerceu a sua influência junto a Pôncio Pilatos, igualmente hipócrita, acusando o Mestre de haver-se colocado acima do imperador e por haver blasfemado ao dizer-se Filho do Altíssimo, cujo nome era proibido de ser pronunciado.

Acolitado por verdadeira corte, aqueles que o serviam eram tidos em alta conta e acreditavam-se igualmente portadores de poderes que tentavam exercer contra os mais infelizes e menos destacados no conceito da sociedade hedionda de então.

Dentre outros, destacava-se Malco, jovem ambicioso e de origem desconhecida, que anelava por chamar atenção e gozar de privilégios, dedicando-se com fidelidade canina ao amo, que lhe notava a ambição desmedida e a estimulava, a fim de atender ao desmedido egotismo.

Malco sempre se apresentava nas situações menos felizes e disputava-se honrarias e louros após as pequenas vitórias conseguidas a troco de infâmia e adulação, ou de perseguição soez.

Era natural que, nas situações embaraçosas que pudessem render estipêndios para a sua vaidade desmedida, se fizesse presente sem convocação, de forma a atrair a atenção do amo, que não podia ocultar a impiedade nem o despeito sobre o poder de Jesus, reconhecido pelo povo e admirado até mesmo por alguns fariseus mais sensatos e doutores da Lei, como Nicodemos e outros.

A presença de Jesus no cenário palestino produzia inquietação no pomposo chefe religioso que, do seu palácio, acompanhava a urdidura das calúnias que estimulava, e instigava a perseguição insana onde quer que Ele se apresentasse.

Sucede que os homens de poder terrestre, salvadas as exceções naturais, temem a própria sombra, porque se reconhecem sem a estrutura moral necessária para a vivência da autoridade, da justiça e do dever.

Caifás era, portanto, um infra-homem alçado à posição de super-homem. Temendo a própria sombra, espalhava o terror, ocultando-se na escuridão dos próprios conflitos.

A rede bem entretecida das calúnias apertava o cerco e ameaçava o Mestre.

A Sua entrada em Jerusalém, dias antes, entre ramos, folhas de palmeiras e sorrisos, com que se homenageavam os vitoriosos de retorno ao lar, chegara aos ouvidos de Caifás, que mais se amedrontou em relação a Jesus.

O Homem sereno era opositor natural do homem cruel. A grandeza do Justo inquietava a pequenez do culpado.

Eram duas forças que se opunham. A primeira não colocava resistência e por isso vencia a outra, que se armava de violência.

Estabelecidos os parâmetros para o hediondo crime, a situação se tornou irrespirável na velha cidade atormentada.

A onda de crueldade vibrava no ar apaixonado dos indivíduos, quando Jesus despediu-se dos companheiros na ceia e buscou o Jardim das Oliveiras para preparar-se...

Afinal, Ele viera para dar o testemunho, para aquelas horas que se iriam apresentar devastadoras, assinalando a História com um marco de crueldade incomum.

A noite serena derramava a claridade das estrelas lucilantes ao longe.

O Mestre houvera convocado os Seus mais próximos amigos e lhes pedira para que vigiassem enquanto Ele ia orar a Deus. Por mais de uma vez, saíra do Seu colóquio com o Pai e viera vê-los, mas, invigilantes, eles dormiam...

Aconteceu como todas as tragédias, inesperadamente. Portando lanternas, archotes fumegantes, armas e varapaus, uma coorte comandada por Judas, que era Seu amigo, adentrou-se pelo jardim, do lado oposto à torrente do Cédron, e Jesus, que sabia o que Lhe ia acontecer, aproximou-se e indagou:

– *A quem buscais?*

E eles responderam: – *A Jesus de Nazaré.*

Uma grande expectativa dominou a coorte, quando Ele, sereno, afirmou:

– *Sou eu.*

E porque não aceitaram que Aquele fosse o criminoso que buscavam, não o acreditaram, ficando aturdidos.

Repetiu-se a interrogação, e a resposta não deixava dúvidas.

Os amigos que dormiam despertaram assustados e acorreram aos gritos, na altercação que se fez natural, e Pedro, que se encontrava com uma espada, movimentou-a e decepou a orelha de Malco, que estava entre os aventureiros requisitados de última hora para a prisão do Mestre.

Com um urro bestial, Malco começou a vociferar, enquanto a hemorragia escorria abundante.

Sem perturbar-se, Jesus tocou-lhe a ferida aberta em sangue, e cicatrizou-a, advertindo Pedro:

– *Embainha a tua espada, porque quem com ferro fere, com ferro será ferido...*
Começava ali a tragédia da Cruz, que assinalaria a história dos tempos futuros, como o momento de hediondez humana, que se repetiria, sem dúvida, através de outros nefastos acontecimentos.

Malco ficou assinalado com a perda da orelha. O Mestre cicatrizou-lhe a ferida, porém, não se preocupou com a devolução e colocação da peça no seu devido lugar.

Antiga tradição conta que o servo do sumo sacerdote, estigmatizado pela marca, que assinalava o crime de furto, fugiu da Palestina indo residir em Roma, entre os forasteiros e vagabundos da capital do Império.

As ambições de fastígio e de poder morreram-lhe no desencanto e ficaram-lhe na amargura das lembranças infelizes.

Ao mesmo tempo, recordava a dualidade chocante do instante desesperador: o ato do agressor e o gesto de Jesus curando-o, somente lamentando não lhe haver restituído o órgão.

Os anos se passaram amargos até o reinado de Nero, quando se comprazia em acompanhar os esbirros de Tigelinus, que defendia o ímpio e perverso imperador.

Numa dessas sortidas às catacumbas, foram aprisionados inúmeros discípulos do Carpinteiro galileu, e, algum tempo depois, em uma noite de horror, seguiu um grupo que conduzia Simão Pedro, de quem se recordava, a uma das colinas próximas para a crucificação.

Agredindo o velho pescador com palavras chulas e obscenas, imprecando para que ele recorresse a Jesus para que o viesse salvar, chegaram ao acume do monte e, enquanto era preparado o instrumento de punição, porque continuasse vociferando contra Pedro, o discípulo renovado de Jesus, convocado a olhar-lhe o lugar da orelha cortada, foi tomado de horror por si mesmo, e recordando-se do Mestre querido, deixou-se arrastar por imensa compaixão pela vítima, ajoelhando-se-lhe aos pés e rogando-lhe perdão.

Num átimo, os legionários, vendo a cena, seguraram Malco e lhe disseram:

— *Se esse a quem vamos crucificar — que é importante entre os seguidores do judeu odiado — ajoelha-se aos teus pés, certamente és muito mais importante do que ele. Crucifiquemo-lo, também...*

Fortemente detido e debatendo-se, Malco gritava inocência, que não era ouvida nem aceita, logo sendo montada uma cruz tosca, na qual, ao lado de Pedro, em desespero incomum, blasfemando e estorcegando-se, morreu também...

Espada e cruz! A espada fere e produz dano, que aguarda correção.

A cruz eleva e santifica os sentimentos humanos.

Há espadas invisíveis que despedaçam vidas, esfacelam esperanças, ceifam ideais, destroçam edificações do bem.

Há cruzes invisíveis que depuram, convidam à reflexão, transformam-se em asas que alçam o ser às cumeadas do progresso e da felicidade.

Espadas que esgrimem o ódio e a vingança, que combatem nas guerras e impedem a paz.

Cruzes que sublimam as criaturas que as abraçam com amor e abnegação.

Pedro e Malco — *espada e cruz!*

23

DIMAS: ARREPENDIMENTO E RECUPERAÇÃO[19]

Aqueles terríveis dias anunciados se concretizavam. A semana, que se iniciara festiva entre cânticos e júbilos, culminava em tragédia de hediondez.

Fazia pouco, e a sinistra caravana atravessara as ruelas estreitas de Jerusalém até alcançar o Gólgota, fora dos muros da cidade.

O poviléu, constituído por desocupados e facínoras, pela soldadesca desrespeitosa e algumas poucas mulheres piedosas, havia chegado ao acume do pequeno monte.

Os madeiros toscos já se encontravam aguardando as suas vítimas.

A crucificação era prerrogativa de Roma, que punia com crueza os inimigos de César e do Estado.

As tricas infames e as intrigas soezes levaram o Justo a uma triste peregrinação entre Anás, Caifás e Pilatos, num enredo político-religioso que a embriaguez farisaica, amparada pelos interesses subalternos do representante do imperador que – embora reconhecendo a inteireza moral do Réu – cedeu às pressões hábeis da indignidade maldisfarçada, entregando-O aos Seus inimigos.

---

[19]Lucas, 23:42 (nota da autora espiritual).

Ele não reagira de forma alguma, como se aguardasse o veredicto já adrede tomado.

Imposto o cárcere após a humilhação pública no Pretório, no dia seguinte, ao Sol ardente e entre sarcasmos e doestos dos perseguidores gratuitos, Ele carregara a Cruz, tropeçando várias vezes sob o peso do madeiro da vergonha.

Agora, a música lúgubre das marteladas empurrando os cravos enferrujados que lhe rasgavam as carnes, os tendões e os ossos, provocando dores acerbas, ficaria ribombando surdamente nos ouvidos das testemunhas...

Dois ladrões faziam-lhe companhia, como a caracterizá-lo na mesma condição de bandido, Ele que era a demonstração viva da Verdade.

Ao ser erguida a cruz e colocada na cova, calçada com pedras informes, o corpo derreou no poste e as farpas pontiagudas cravaram-se-Lhe nas carnes e nos músculos relaxados uns e tensos outros, após as longas horas de aflição...

Um gemido dorido escapou-Lhe dos lábios arroxeados, e a coroa de cardos mais se lhe cravou na cabeça empastada de suor e de sangue.

Os vândalos, que zombavam, foram acometidos por estranho presságio, enquanto a Natureza se enlutava e vestia-se da tormenta que arrebentou com violência, causando espanto e temor.

A terra exausta do calor refrescou-se e o céu voltou à transparência anterior.

As pessoas contemplavam a cena hedionda, quando Ele disse estar com sede em um grito rouco, para que se cumprissem todas as Profecias.

Deram-Lhe uma esponja mergulhada em fel e aloés, presa na ponta de uma lança, que foi encostada aos Seus lábios rachados, sangrentos...

Disfarçado na turbamulta, para não ser identificado, Tiago, que era Seu discípulo, acompanhava com lágrimas o trágico acontecimento e se interrogava em silêncio:

— Onde o carinho de Deus para com o Seu Filho?! Não era Ele o Messias?! Assim retribuía o Céu às atividades de amor que Ele realizara na Terra?

Tiago não podia entender, nas suas reflexões racionais, os desígnios de Deus, pensando conforme os padrões convencionais.

Nesse comenos, olhou em derredor, procurando um rosto conhecido, de alguém que o aplaudira em dias passados, quando da entrada triunfal em Jerusalém. Não havia ninguém. Nem sequer um dos que Lhe receberam a cura, as dádivas da Sua compaixão e misericórdia.

Ninguém que O houvesse acompanhado. Nem os amigos de ministério se faziam presentes, à exceção de João, que abraçava a Sua mãe, ao lado de outras mulheres, trêmulas e receosas.

Tiago não pôde dominar a aflição que o tomou por inteiro e pôs-se a chorar convulsivamente.

O Mestre olhou-o compassivo e murmurou ternas palavras nos *ouvidos* do seu coração.

No mesmo instante, Dimas, o ladrão que estorcegava ao Seu lado direito, procurou identificar no grupo exótico que se movimentava aos pés das cruzes alguém conhecido, e os seus olhos cruzaram-se com os de sua mãe, Tamar.

Pelas reminiscências, a memória evocou-lhe a infância e a adolescência na orfandade paterna, bem como os sacrifícios daquela mulher extraordinária.

Foi na juventude que se iniciara na rapina, unindo-se a outros desordeiros e atirando-se aos abismos do crime.

O instinto de mãe havia percebido a mudança do filho e o advertira mil vezes, sem que ele se resolvesse por qualquer mudança real, embora não lhe confirmasse as suspeitas.

Quando se tornou notória a sua infeliz conduta, ele lhe prometera e à noiva, Esther, que aquela seria a última viagem às terras fabulosas do Além-Jordão, para poder oferecer-lhes a segurança de um lar honrado após consorciar-se e construir a família.

De tal maneira elaborou e apresentou o plano da viagem que as duas mulheres acreditaram...

...Agora, surpreendido pelos soldados que o haviam emboscado no desfiladeiro por onde passavam as caravanas que ele e Giestas pretendiam assaltar, foram aprisionados e ali estavam punidos.

A mãe aflita chorava, interrogando em dorido silêncio:

— *Por quê, meu filho? Em que errei na tua educação?!*

Afogada em lágrimas, esteve a ponto de cair, quando foi amparada pela jovem companheira, Esther, a noiva inditosa.

Dimas desejou gritar, estremunhado e louco, no justo momento em que o Mestre o fitou com suavidade.

Tomado de honesto arrependimento pelas alucinações praticadas, exorou, em agonia e fé:

— *Senhor, lembra-te de mim quando entrares no Paraíso.*

Havia sinceridade e unção.

O arrependimento chegava-lhe na hora extrema. Reconhecia os erros e desejava reabilitação, anelava por confortar a mãezinha agônica e a noiva humilhada, mas era tarde.

Debatia-se na angústia, quando o Rabi, empapado do suor de sangue misturado ao pó, com as chagas abertas como flores rubras e roxas de bordas rasgadas, respondeu-lhe, misericordioso:

– *Em verdade, em verdade, te digo hoje: entrarás comigo no Paraíso...*

Uma aragem fresca e suave passou pela alma do bandido.

Acompanhando a cena grandiloquente, a Sua mãe percebeu a outra mulher quase desfalecida. Acercou-se-lhe com o passo trôpego e interrogou-a com voz trêmula:

– *É teu filho, o crucificado da direita?*
– *Sim, é meu filho!...*
– *Então, mulher, se meu filho, o do meio, disse ao teu filho que o atenderia, crê, porque meu filho é o Excelente Filho de Deus, o Seu Messias.*

As duas mulheres se abraçaram, e novamente a terra tremeu, a tormenta voltou, e, entre o ribombar dos trovões e o balé do relâmpago que cortava ziguezagueante as nuvens carregadas, Ele gritou:

– *Está tudo consumado!*

A Humanidade infeliz, vítima da ignomínia, tentou silenciar a Verdade que viera para libertá-la, método infame utilizado pela covardia para retardar o próprio progresso.

Sempre, porém, haverá oportunidade para o homem arrepender-se e recomeçar.

Dimas era a última lição de arrependimento e de recuperação.

24

...E PARA TODO O SEMPRE

Permaneciam as densas trevas embrulhando em tecidos espessos de medo e desespero as mentes e os corações aturdidos.

A tragédia do Gólgota tomara-os de surpresa, não obstante soubessem, desde há muito, que ocorreria assim ou de forma algo equivalente.

Ele a anunciara várias vezes, mas não a levaram em conta, com o significado profundo que merecia, já que se manifestaria de maneira brutal.

Semelhou-se a uma tempestade sem aviso prévio, que os assustou, impelindo-os à fuga.

Em uma semana ocorreram a glória e a cruel realidade, num caleidoscópio de primavera e de terrível invernia.

Como pudera aquele povo transformar-se num salto, a partir da entrada triunfal em Jerusalém até à sórdida alucinação no pretório, que culminou na Cruz?!

Como aquela gente preferira Barrabás, o malfeitor, a Jesus, o Pacificador?!

Incapazes de assimilar as ocorrências em relâmpagos voluptuosos com raios devastadores, encontravam-se reunidos, a portas trancadas, apavorados ante a possibilidade de trucidamento por parte dos fariseus hediondos e da turbamulta que lhes atendia aos desmandos carniceiros.

A notícia chegou-lhes como uma ode cantada ao longe, quase irreal.

– *Eu O vi* – declarou, esfogueada e ofegante, Maria de Madalena, ao retornar do sepulcro cedido por José de Arimateia, para onde fora, a fim de embalsamá-lO.

Espanto, alegria e dúvida desenham-se-lhes nas faces antes contraídas pela tristeza e decepção.

– *Vai* – impôs-me Ele – *e informa aos meus discípulos que retornei, conforme prometera.*

As palavras atropelavam-se, e ela irradiava estranha luz.

Mas eles, que O viram morrer e ser sepultado, não podiam crer naquela impossível informação.

Haviam-nO acompanhado por longos dias de convivência, mas não esperavam aquele desfecho – *a cruz!* –, aquele resultado: *a morte!*

Ele não os iludira; entretanto, aguardavam que o Pai O poupasse para a glória de Israel.

Essa notícia não se enquadrava no roteiro do desastre acontecido há poucos dias. Não seria possível.

Ademais, a informação chegava-lhes por uma mulher não credenciada.

Ao primeiro impulso de esperança, logo um novo delíquio na crença.

Ainda hoje, vitória é o tripudiar sobre outrem, acumular farrapos e metais, aos quais se atribuem valor, títulos e honrarias mentirosos que amarelecem e o fogo consome.

Ele viera ensinar o significado real do triunfo, que é a autossuperação que constitui a autoliberação de tudo.

Apesar disso, o apego à forma, as garantias para o futuro – qual futuro? – predominam na economia social dos homens terrestres.

Jesus veio dar testemunho, viver a total entrega a Deus. Não poderia então ser compreendido.

Só através dos tempos, a pouco e pouco, é que vem sendo descoberto.

Logo após *o primeiro dia da semana*, enquanto dez deles estavam reunidos a portas fechadas, e ei-lo de retorno outra vez.

À surpresa do acontecimento inusitado, a alegria incomum, o retorno aos tempos primeiros, o esquecimento das dores...

– *Paz seja convosco! Por que duvidastes? Eu não vos disse que volveria ao Terceiro Dia?* [20]

Exultai, e porfiai pelos caminhos da esperança, em uma Boa-nova sem fim.

Passados alguns minutos, Ele desapareceu, e a sala voltou ao silêncio de antes, nunca mais, porém, truanesco e atemorizante.

Quando Tomé, também chamado Dídimo, que não estava presente, retornou e foi informado, recalcitrou:

– *Não o posso crer. Delirais!*

Somente acreditarei se colocar as minhas mãos nas Suas chagas, o meu dedo na lancetada do peito.

Ele abandonou-nos...

Havia amargura na voz e desencanto na conduta, uma quase ira...

Os *irmãos* entreolharam-se, desencantados.

Oito dias depois, enquanto meditavam na mesma sala com as portas trancadas, uma aragem perfumada in-

---

[20] João, 20: 1 a 31 (nota da autora espiritual).

vadiu o recinto e uma claridade diamantina vestiu as sombras que ali pairavam com delicada luz, dentro da qual, esplendente e nobre, Ele surgiu.

A voz, mais doce-profunda do que nunca, penetrou os ouvidos de todos os onze sobreviventes, que tremiam de emoção, como se fosse uma balada envolvente de despertar, que os enternecia.

Não havia censura, nem reproche, somente compaixão.

– Vinde, Tomé, e tocai.

Os pulsos dilacerados derramavam solferina luz, que também jorrava da cabeça antes coroada de espinhos, do peito ferido e dos pés destroçados...

O Dídimo acercou-se, transfigurado, e O tocou, exclamando:

– Creio! Eu agora creio. Perdoai a minha incredulidade!

– Credes – Ele ripostou, suave – porque vistes. Bem-aventurado, porém, aquele que não viu e creu.

Fez uma pausa.

Tinha-se a sensação de que as paredes da sala afastaram-se e a praia de Cafarnaum ali se fizera presente, enquanto o chilrear de pássaros e as vozes da Natureza cantavam em *boca fechada* uma sinfonia.

A Sua voz, emoldurada de luz cambiante, dissertou:

– Ide e amai, espalhando o Evangelho por toda parte e para todos os povos.

Soprando sobre eles o Seu hálito, aduziu:

– Eu vos concedo a inspiração e o poder para submeterdes os demônios perturbadores, falardes outros idiomas, curardes os enfermos...

...As serpentes se vos submeterão, e qualquer substância letal que ingerirdes, não vos fará mal...

Houve um novo silêncio de eternidade, num átimo de tempo, e Ele prosseguiu:

— *Nunca temais! Tendes os recursos para a transformação do mundo, iniciando-a em vossa modificação interior.*
Amai em qualquer circunstância, esse é o dever.
Eu seguirei convosco, e vos aguardarei... Por todo o sempre...

Diluiu-se em suavidade tal, que permaneceriam indelevelmente as lembranças daquele momento inigualável...

O homem vem conquistando o Universo de fora; a Ciência e a tecnologia desobrigam-se nobremente dos programas a que se destinam; a ética desvaira, e o amor se consome em volúpia incomum.

No báratro das alucinações renascem aqueles que O ouviram, buscando alterar o roteiro, a marcha da Humanidade.

Esplendem como estrelas no velário das noites dos tempos e atraem milhares para Ele.

Deixam pegadas em luz, para que a posteridade siga em segurança.

...E, embora ainda permaneçam algumas sombras teimosas, Ele continua aguardando-nos até o fim dos tempos...

Tende coragem, despertai e segui adiante, ao Seu encontro, haja o que houver.

Anotações

Impressão e Acabamento

(011) 4393-2911